デザイン＝水野哲也（Watermark）

旅のはじめに

ラキ・セナナヤキさんというアーティストのアトリエを訪ねる機会があった。スリランカというインド洋に浮かぶ北海道ほどの島国、その山中。「泉が湧くところ」とだけ書かれた板の奥、ジャングルの中に建てた粗末な小屋みたいな家に住んでいる。建具は何も、ない。屋根だけを樹木の柱が支えている。ラキさんはそのとき75歳。上半身は裸で腰にだけ美しいサロン(腰巻)を巻いている。白髪と髭の奥で黒い目が笑っていて手が温かい。家は泉に掘った池の上にかかっており、1階は台所とダイニング、2階にドローイングのためのテーブルと、風がわたる万年床。屋根のないテラス部分でお茶をしながら、友人でもあった建築家ジェフリー・バワさんの話をしてくれた。懐かしいようなゆったりとした時間が流れる。アトリエのテーブルのそばにあったビニールを外してくれた。驚いた。マックの大きなディスプレイが置いてあったのだ。制作に使っているのではなく、これまでのたくさんの作品画像が収録されている。原始的ともいえるライフスタイルにアップルのPC。私たちが理想とも考えていた世界を見せられたような気がした。もうひとつの建設中のアトリエを見せてもらう。地面から生えている「竹」を上部で結わえて柱や屋根の構造としていた。

このままでは人類の手が退化してしまうのではないかと思えるほど、電車の中ではたくさんの人が携帯やスマートフォンやタブレット型端末を指1本で操作している。職場や家庭では画面に向かってキーボードかマウス。1日中、1文字も書かないことさえあるから、漢字を忘れる。絵やスケッチを描くなんてまったくしない。たまに地図を描いてもどうしていいかわからないのですぐグーグルマップにする。便利で美しくなったかもしれないが、実は描けなくなっている。

ＰＣ、ネット、ＣＡＤ、メール、ＣＧ、携帯などの爆発的普及は、だれでもどこでもなんでも表現し、通信することを可能にし、個人と世界が直結した。それはとても意義があり、手を動かすことなどはもう必要なくなったかのようだ。しかしそうだろうか。手のスキルが落ちたばかりではなく、全体と部分を一瞬にして把握する力や、スケール感を間違わない力もなくなってきている。透視図を描かせてみると、部屋の大きさに比べて異常に小さい椅子や人物が現れる。あるいは大きすぎる。まるで不思議の国のアリスである。

およそ、建築や室内、家具の図面といわれるものは設計やデザインの意図をできるだけ正確につくり手などに伝える手段にすぎない。だれでも同じようにつくることができるために大切なものは「かたち」と「寸法」と「仕様」なのだが、中でも寸法はきちんと表示しなければならない。

多くは世界的に使われているメートル法で表記することになる。元々は１７９１年、フランス政府が地球の北極点から赤道までの子午線長さの１０００万分の1を1ｍと定めたことによるもので、メートル法は人間の身体の部位寸法からくるフィートとか尺というような「身度尺《しんどしゃく》」の体系ではない。

測り、スケッチを重ねると、目と手と頭がバランスよく動くようになる。測ることとつくることの間に振幅が生まれ、やがて手から「かたち」が姿を現し、エスキスを重ねて次第に構想をまとめていくようになる。いつの間にか手が考えはじめたのだ。その過程こそがデザインの醍醐味ともいえる。

もとより、デザイナーとは「応える人」ではない。するどい感覚で時代を、社会をリードする人たちのひとりだ。そうするために何事かをまとめ上げていく人なのだ。感動をつくり出すのだ。手で考えることがそれを支える。

測って描く旅がはじまる。

目次

1 測る

身のまわりの空間や家具などを測る習慣を身につけよう。
測ると空間のスケール感が身につく。
また人の身体寸法から発生した身度尺を通して、
寸法の持つ意味や、実例を概観しよう。

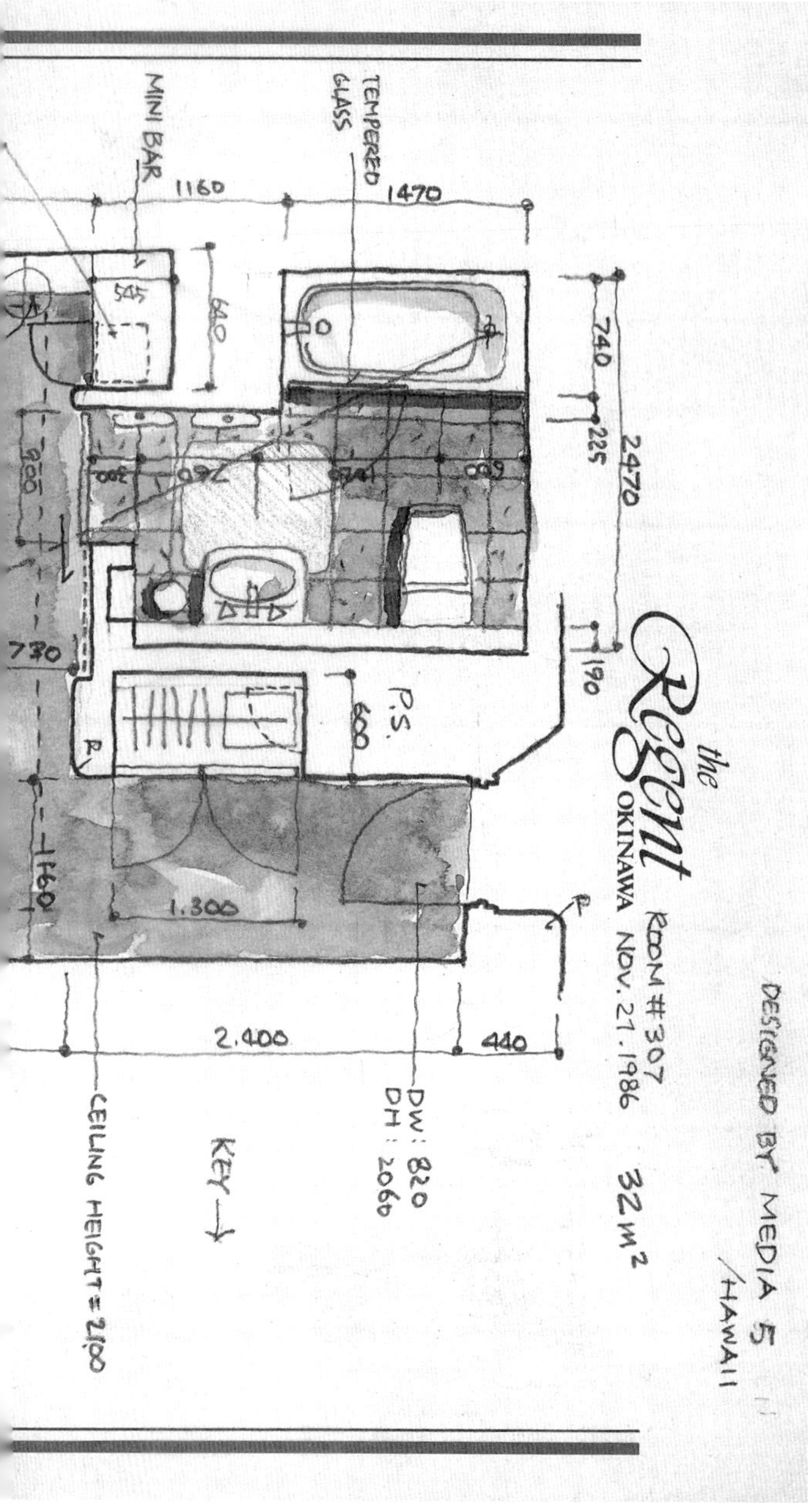

ホテルの実測図。よくできたホテルのゲストルームは過不足ない寸法計画が隅々までゆきわたっている。図はリージェント沖縄（現ナハ・テラス）のゲストルーム

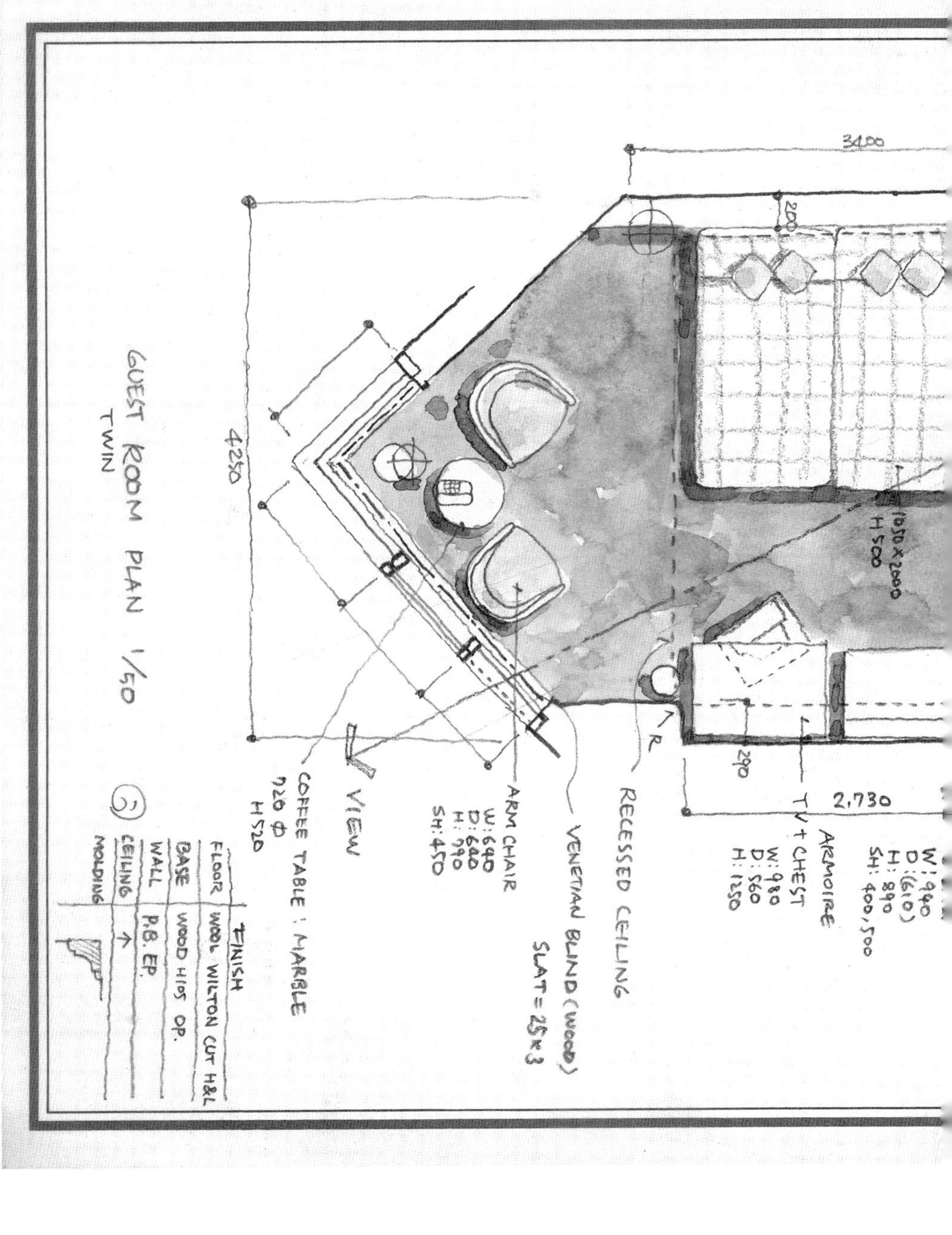

測りまくる

建築やデザインに携わる者は、スケール感を身につけるためにメジャーを取り出してなんでも測る…という習慣が大切だ。私は学校で講義をすると1日目に「すぐ、メジャーと小さなスケッチブックを買って来い」と吠える。測るといっても、身構える必要はない。身のまわりをメジャーで測るのだ。集落や古民家、歴史的な建築、和風庭園などを実測調査する、いわゆるサーベイとは少し違う。

測る対象としては、都市、建築、室内、家具などという分け方をしたくない。強いていうなら学際的な「環境デザイン」のひとつ。ダイナミックなビジネスの世界では分野も境界もなく、自由な発想で新しい環境を生み出そうとしているし、人がかかわっている生活空間すべてを私たちは区別なく生きている。建物の隙間も、机の上も環境。電車の吊り革高さから、茶碗のサイズ、ホテルのベッド、幅木の高さ、バス停に立つ人の間隔まで、あらゆるものを測る対象にしたい。さらに発展させて、歩く距離、時間なども…。

すばらしい環境のただ中にいると、「この雰囲気はなんだろう」と思う。大きさ、かたち、色、マテリアル、明るさ、音、におい、感触…五感すべてに訴えてくるこの何物かをなんとか記録したいと思うようになる。記録ができれば、やがて表現することもできるようになる。だから測りまくる。

『建築設計資料集成』（丸善）という名著がある。実例やさまざまな物品のサイズが記されていて、大変便利。しかし、これをいくら見たところで設計はできない。身のまわりの物品など、自分で測って独自の「資料集成」をつくってみよう。測りまくって集めた資料は、他人のためではなく、関心があるものだけを測っているからそのデータは何物にも替えがたい。専用のスケッチブックをつくって「私の資料集成」とでもしよう。

測っているうちに批判するようになる。「ちょっと小さくないかな」「私なら30㎜大きくするなあ」などと。自分の資料集成にはその批判もコメントする。どんどん力も高まるし、寸法などの間違いをしなくなる。

手始めにメジャーを携えて家具のショールームを歩いてみよう。無料のメジャーを備えているところもある。座ってみて自分に快適な椅子を探すのだ。次に測ってみる。お尻で感じた椅子は忘れない。

部屋も測ろう。私はホテルのゲストルームだけを測った資料が200例くらいになった。備え付けのレターペーパー、旅をするたびに新調するスケッチブックや小さいメモ帳を携えてそこになんでも描く。関連資料もあわせてファイルを頻繁に見返すようになる。世界でたったひとつのホテルの資料集成ができ上がる。

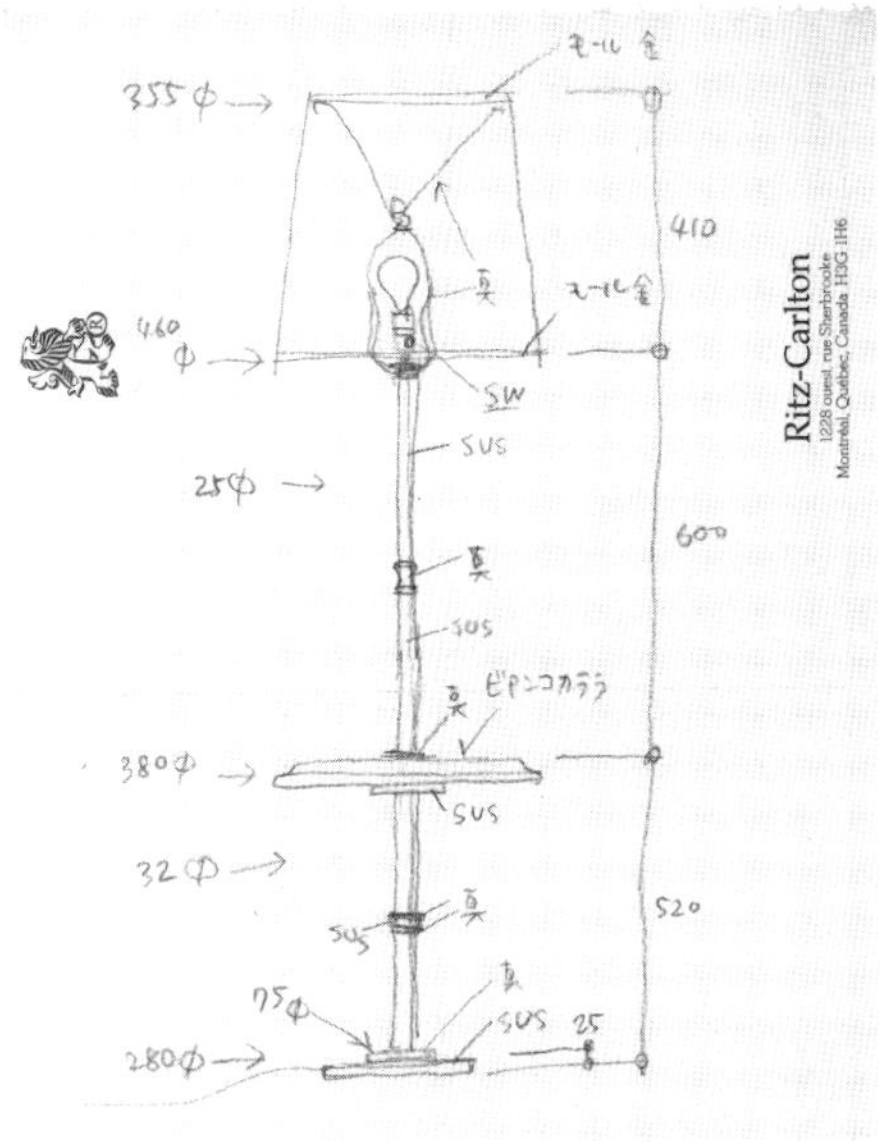

小さなテーブルがついたホテルのスタンド照明

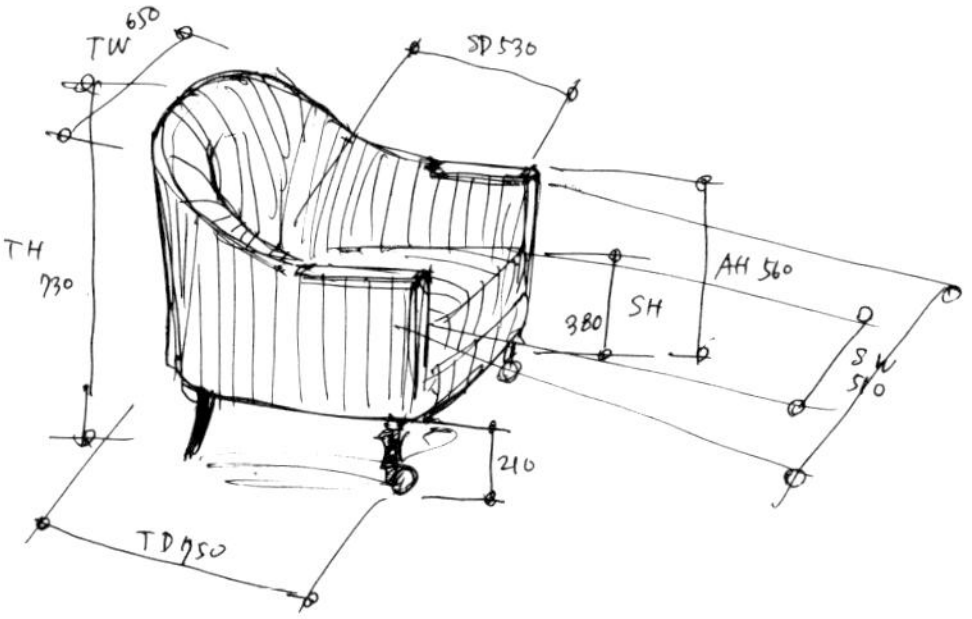

張りぐるみのアームチェアを測る

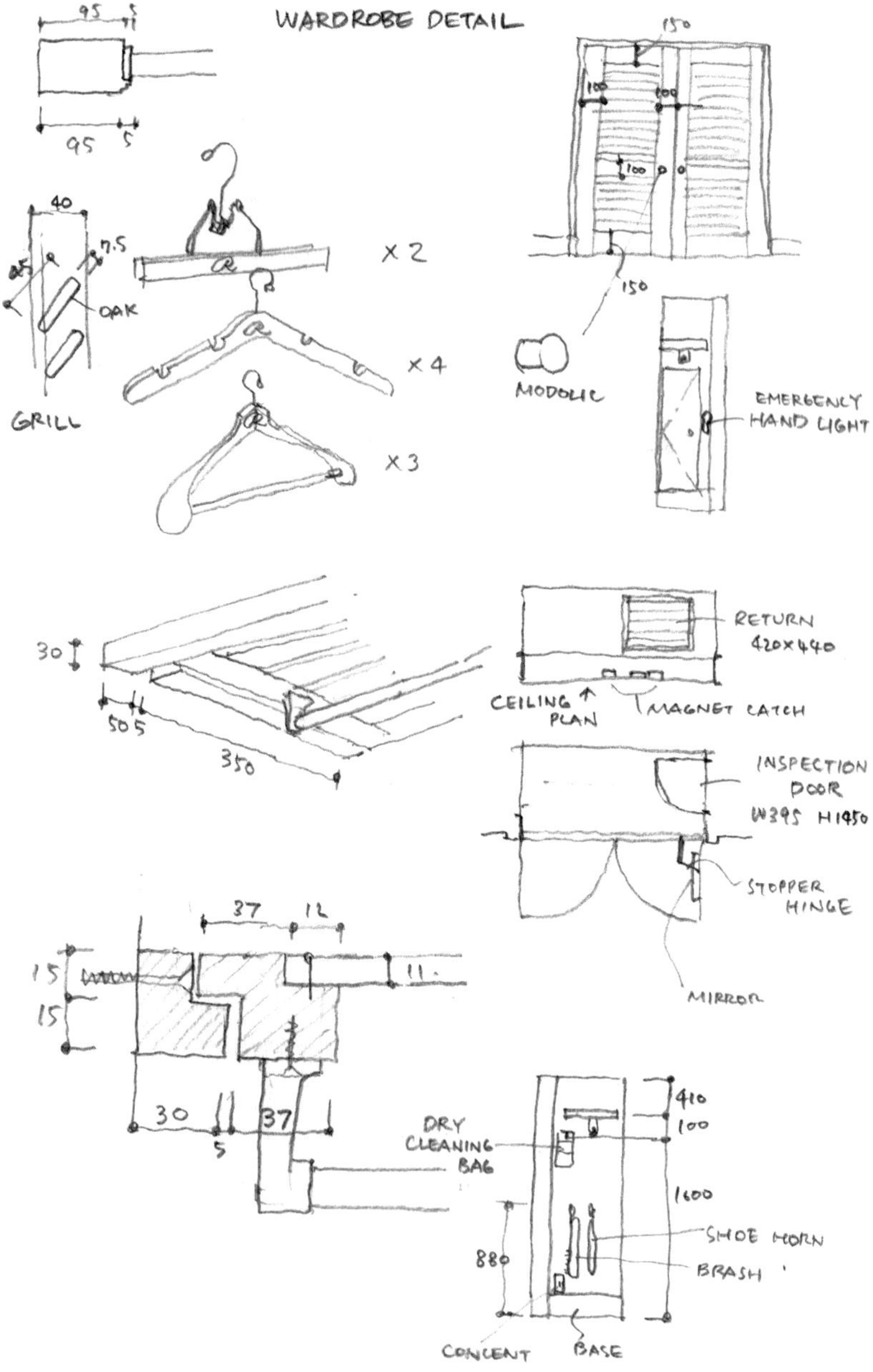

ワードローブの扉、ハンガー、棚の納まりなどを細かく測る

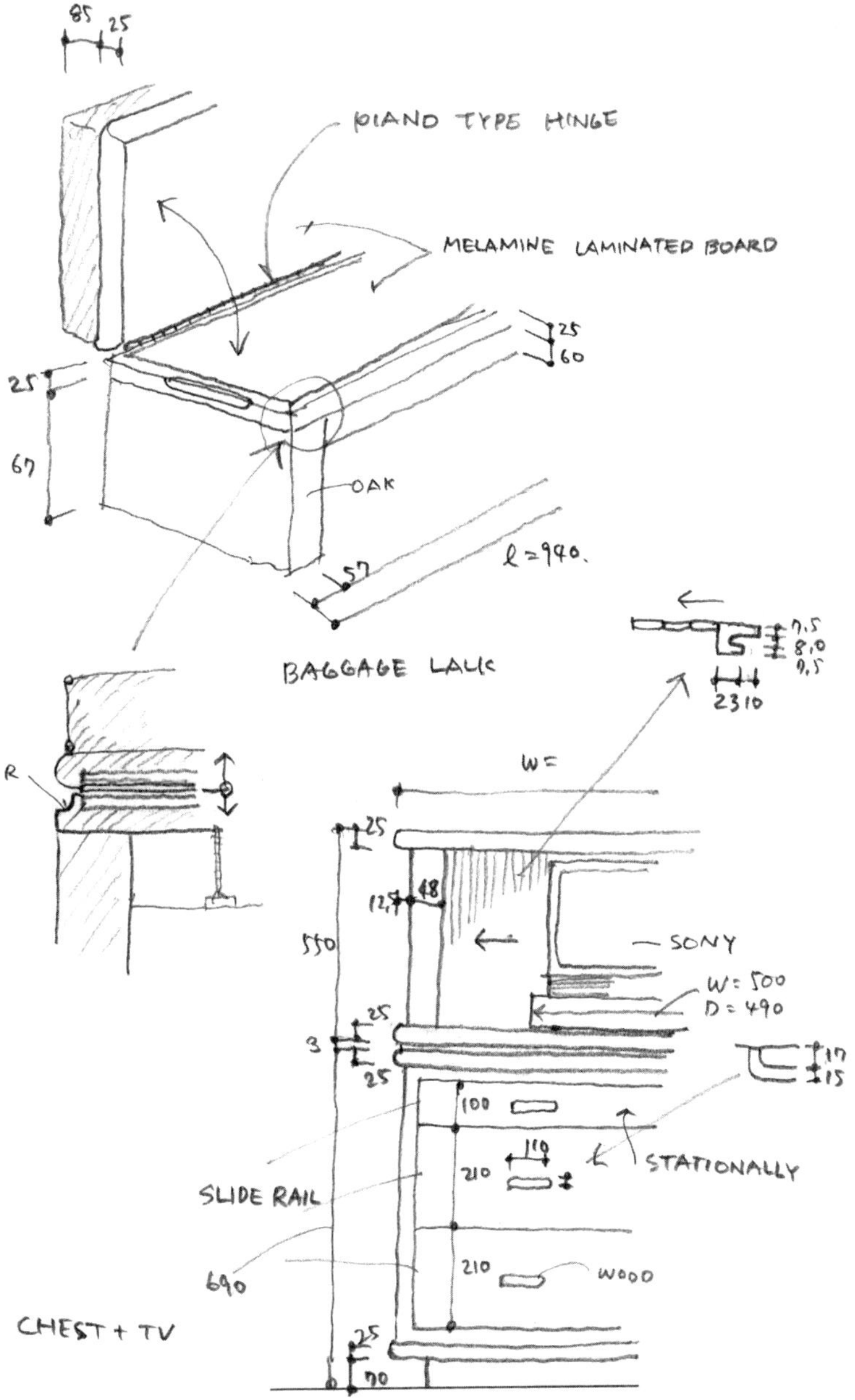

ベンチシートにもなるバゲージラック、テレビが入ったチェストなど

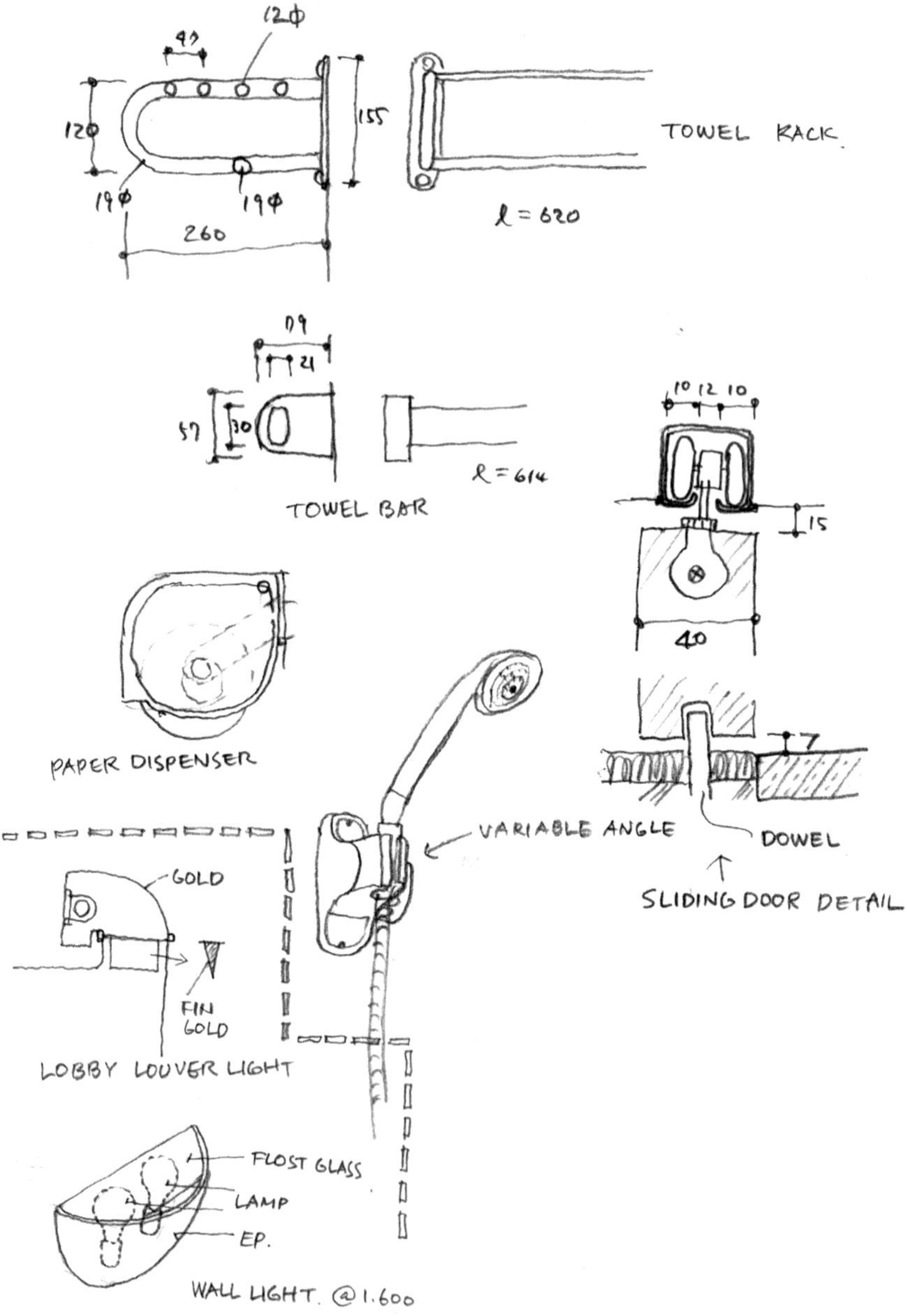

バスルームのハンガードア、タオルラック、照明などを測る

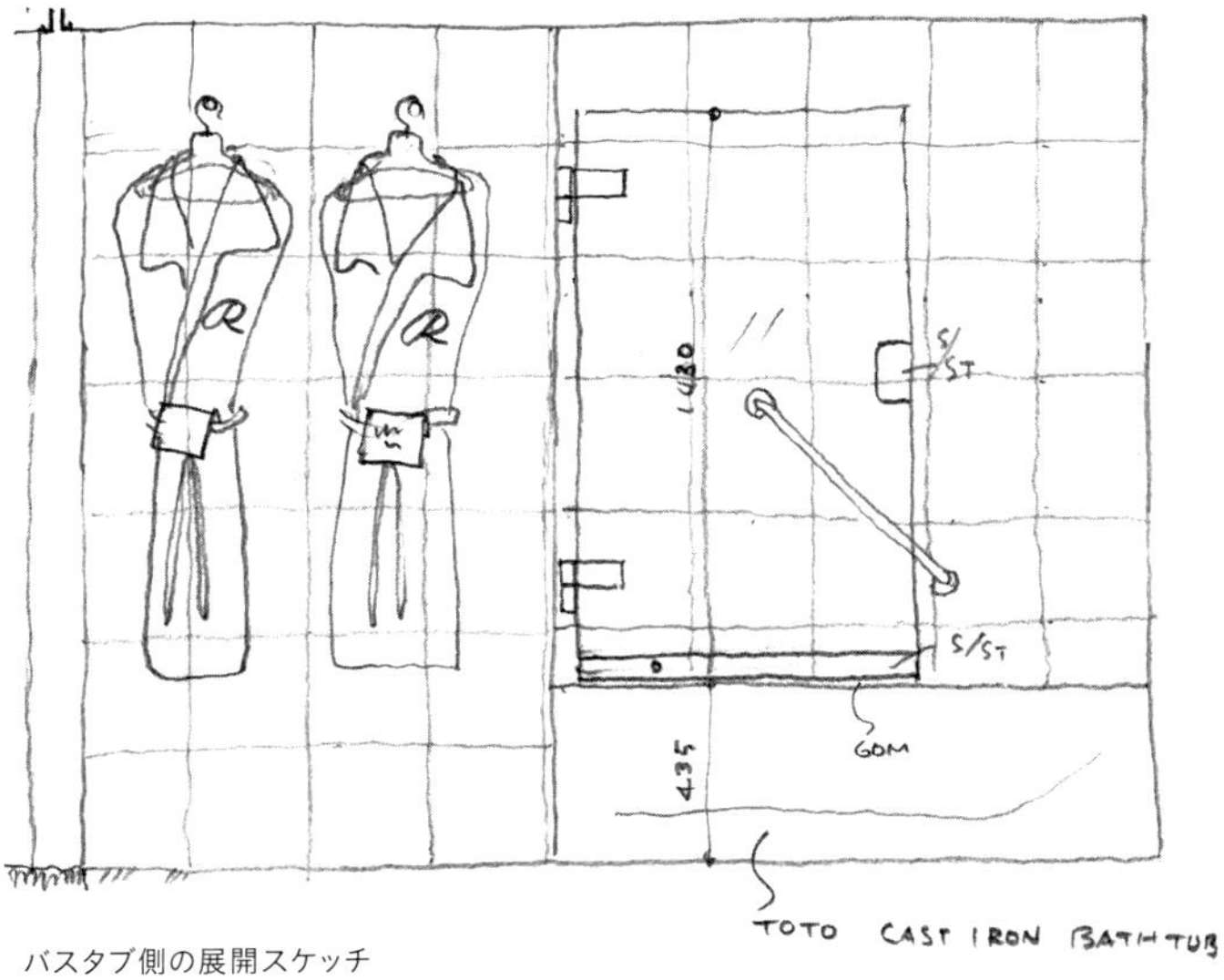

バスタブ側の展開スケッチ

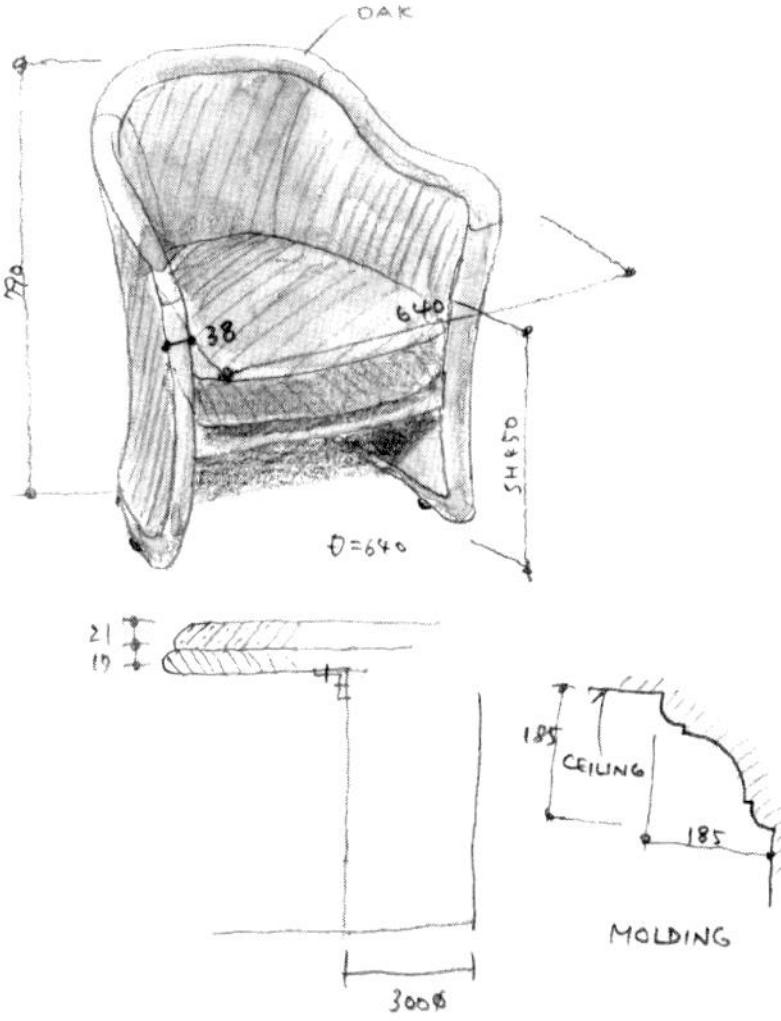

椅子やテーブル端部、天井のモールディングを測る

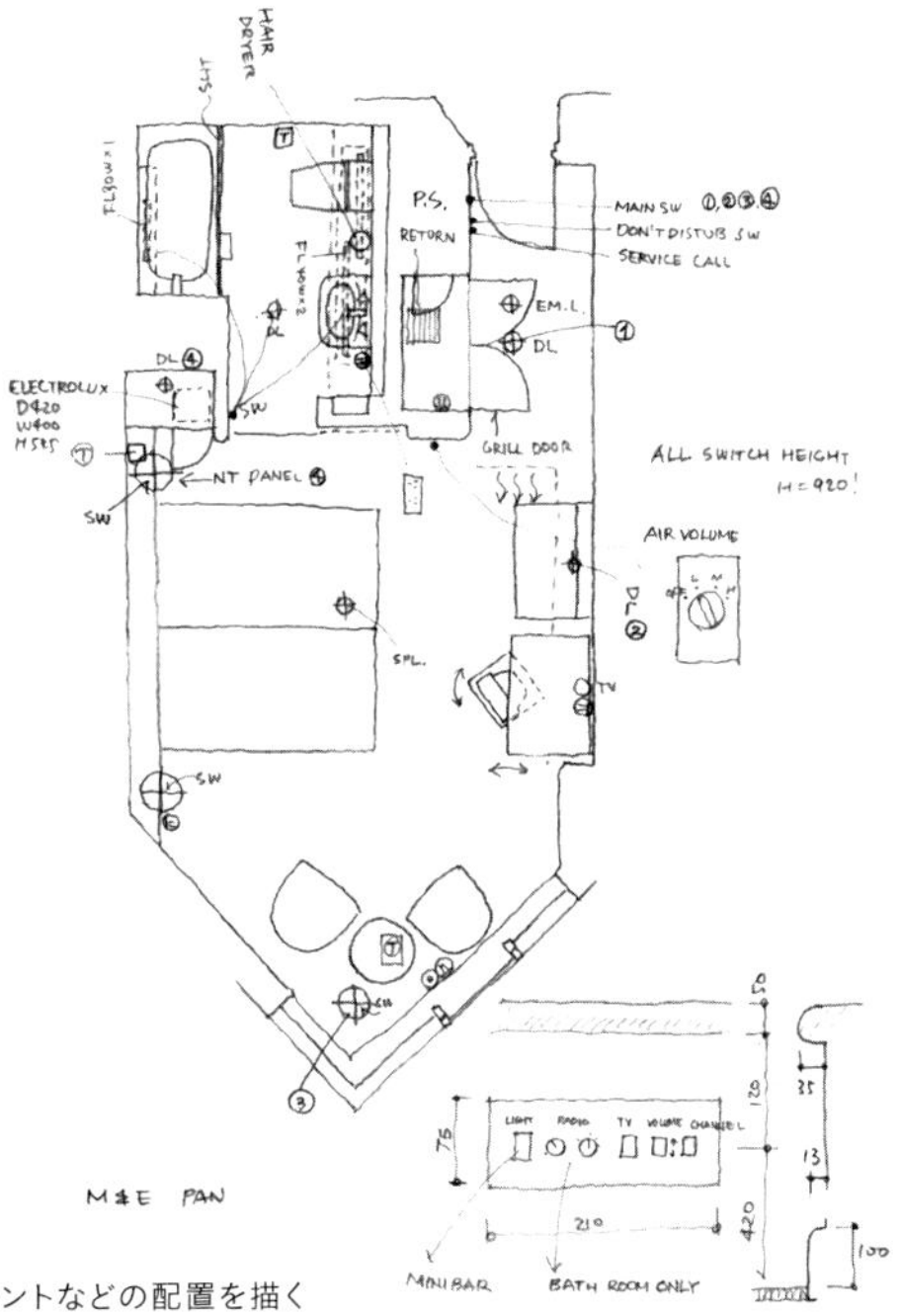

設備器具やスイッチ、コンセントなどの配置を描く

計測機器と測り方

いつもポケットに２ｍくらいのメジャーを忍ばせておく。椅子やテーブル、カウンターなどの高さ、電車のベンチシートの長さ、有名建築の手すりなどを見て感じるものがあったら、すぐメジャーを取り出す習慣をつけよう。

まず、よく観察することをすすめる。この測る前の時間が実はもっとも大切。いろいろなことがよくわかる。測る前に目測し、それから測りはじめるといい。「ああ、20㎜小さかったか」などというのが、だんだん正確になる。

次に測る前にスケッチを描く。カメラに頼らないこと。寸法線や補助線を描いて測った寸法を書き込む。小さなレーザー距離計もある。高価だがピッと押すだけでミリ単位の距離が表示されるので大変便利。天井高さやプールの長さなど、メジャーで測りにくいところは助かるが、これを使い慣れると身体を使わなくなる。やはり額に汗してメジャーを使うほうが記憶に残る。スチール製のコンベックスだと高いところも測れる。分度器を持つこともある。ジョージ・ナカシマ*のコノイド・チェアが16・5度傾いているということなどもわかる。

メジャーやレーザー距離計などを出しにくいホテルのロビーなどでは、歩幅やワイシャツのボタンの高さなど身体で計測する。指を広げて「２００㎜が２回」なんてよくやる。マイメジャーとして自分の身体寸法を覚えてしまうことだ。

縮尺で記録するときは三角スケールが欠かせない。６種類の縮尺を描き分けることはできないが、２種類くらいの縮尺はこれを使わないでフリーハンドで描けるようにしたい。

＊ジョージ・ナカシマ（George Katsutoshi Nakashima 1905－1990）：アメリカの日系家具デザイナー。コノイド・チェアなどが有名。

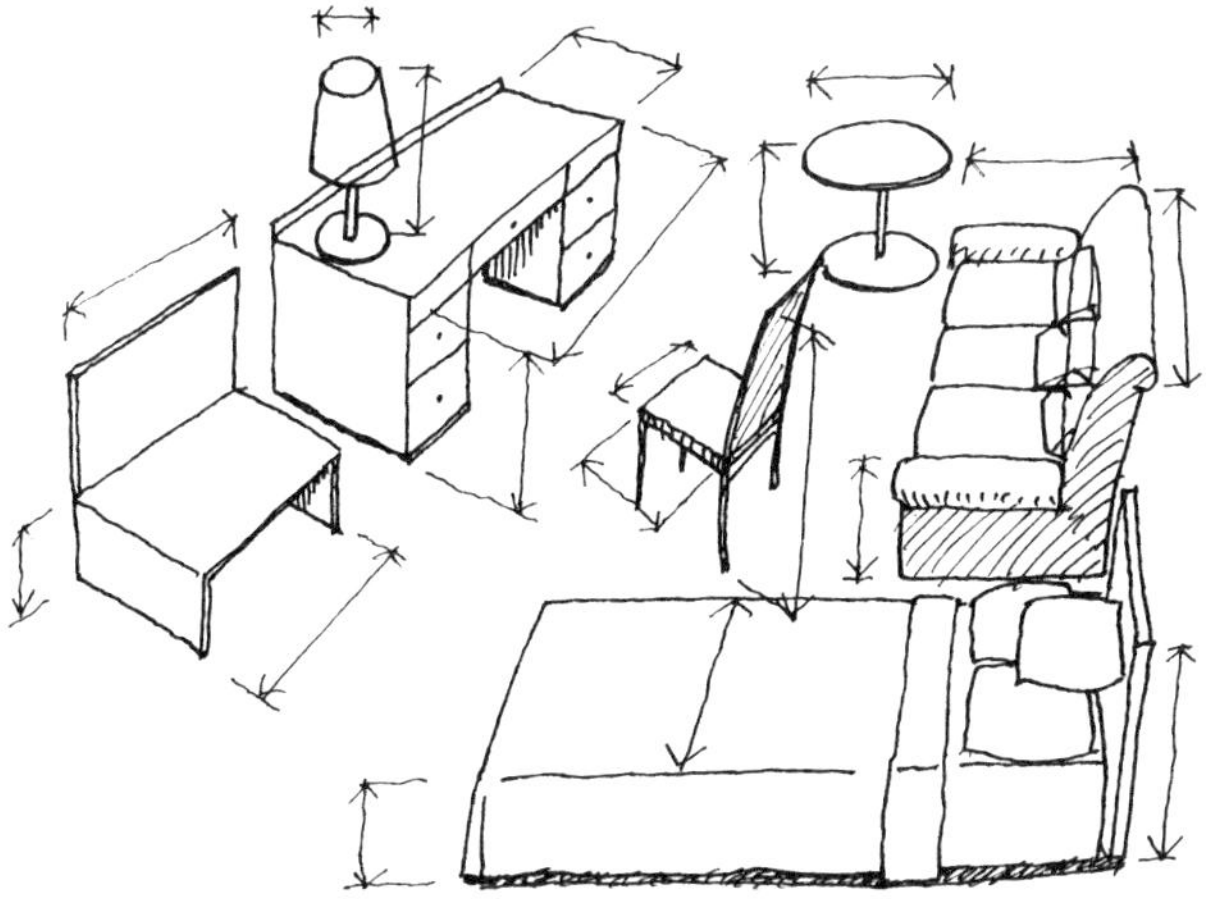

ホテルにある家具を測る。まずラフスケッチを起こしてから

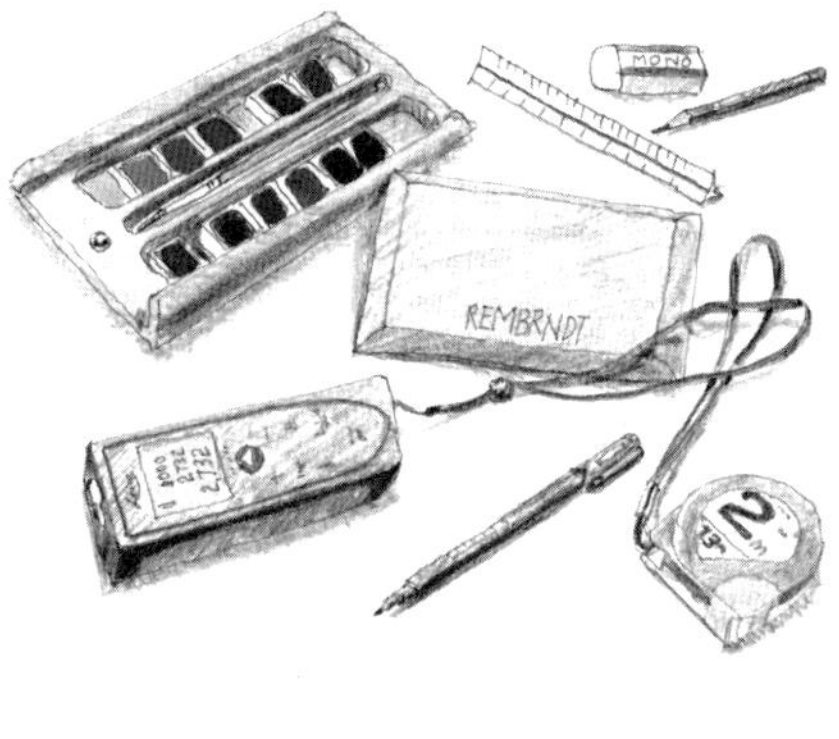

私の7つ道具。
メジャー、三角スケール、レーザー距離計など

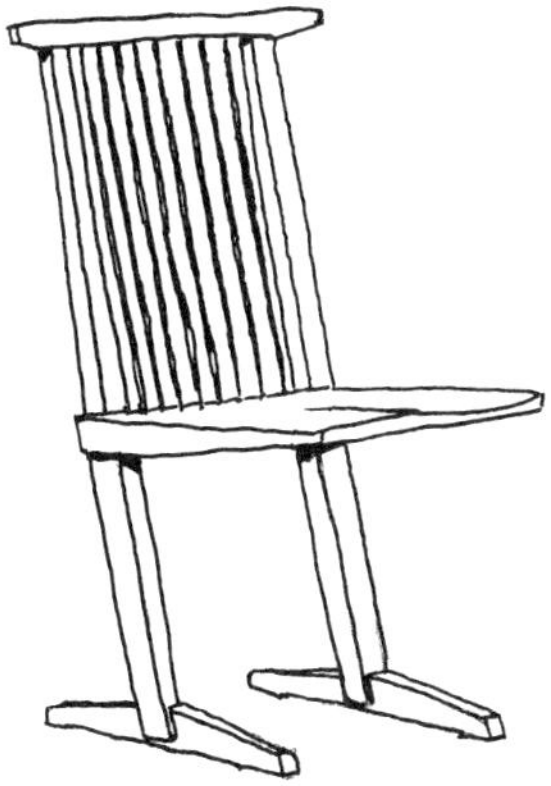

ジョージ・ナカシマの
コノイド・チェア

メジャーの使い方

メジャーといっても布製の巻尺ではないほうがいいと思う。ふにゃふにゃして役に立たない。建築やインテリアや家具を測るのには、コンベックスといわれているスチール製の凹型断面をしたものでボタンを押せば自動的に巻き取れるものが向いている。ほとんど2mのもので足り、それ以上の長さを測るときは何度かに分けて測るといい。少し大きくなるが5mのものもあって、これはカーテン屋さんなんかが「実調（実地調査）」するのに持っていたりする。窓の高さや幅などを正確に測って、カーテンレールなどをつくるので「2mを2回と約10㎝」なんてアバウトなことでは困るのだ。

そのカーテン屋さんが高い天井高さなどを測るところを見て、うなったことがある。ひとりで測るから、自分の「膝」をうまく使うのだ。スチールなので高いところでもメジャーがピンとなり、床までの高さなどはメジャーを曲げて測る。そのときメジャーを伸ばして曲げるときにさっと膝を使うのだ。「あっ、うまい」という一瞬で、これはかりは「プロの技」。

新しい「レーザー距離計」はちょっと高価だが、とても小さい。ポケットに忍ばせておいて、ピッとやれば、ミリ単位でデジタルに表示される。計器の「お尻」にプレートを出す機構もあり、出隅やテーブルに引っ掛けて測れるからかなり正確。しかしゲストルームを測るときなど、そんなに正確を期する図面をつくろうというわけではないから、壁の小さな凹凸など、できるだけメジャーを使わないことをすすめたい。「部屋幅などが手前と奥ではどうも違う。おかしいなあ」ということもあり、「そうか、古いホテルだから少し変形しているんだ」と気がつくまでちょっと時間がかかることがある。

家具や備品を細部まで正確に採寸しようというときは、「ノギス」で厚みを測ったり、「定盤」のようなところにそのものを置いて分度器で角度を調べたりする必要がある。

細部の正確な採寸も大切だが趣旨が少し違う。この書の「メジャリング」は正確さよりも、スケール感を身につけようという趣旨なのだ。

膝を使ってスチールのコンベックスを曲げて天井高を測るカーテン屋さん。①で膝を使ってコンベックスを曲げ、②で床までコンベックスを伸ばして数値を読み取る

マイメジャーと身度尺

「身体寸法を測る」。ある学校でそんな課題がある。自分の身体の部位を七転八倒しながら測り、発表するのである。記録やその表現は自由ということにしたら、マンガ風、イラスト風、実に楽しいプレゼンテーションになった。手描きが少なくなってきたのが残念だが。

実は身体の部位の寸法は人によって異なる。身長も歩幅もまちまちだ。自分の身体の各部位の寸法。これらを測って記憶してしまおう。自分だけのマイメジャーができる。

私たちが現在使っている寸法単位はミリやメートルである。かつては寸や尺など人間の身体寸法をもとにした、いわゆる身度尺《しんどしゃく》が使われていた。１８７２年に国際会議があり、日本でも１８８５年、条約加盟の手続きを終え、１９５２年、計量法が施行され、１９５９年に完全にメートル法が実施された。世界的に通用する度量衡の意義は大きいが、身度尺の体系が消えていくことにもつながった。畳の数を表す「畳」や「坪」などはかろうじて今でも生きているが。

世界にもイギリスやフランスをはじめたくさんの身度尺があった。足をもとにしたフット、フィートなど。手をぐっと開いた親指と小指の間の長さはスパンといった。ほんとうは生活空間を測り、つくり上げる寸法として、この身体の部位からくる体系が最適だということを忘れてはいけない。

あた、き、つか、ひろ、つえ、ぶ*…といってもなんのことかわからないだろう。もう消えてしまった日本の身度尺の原点。身体部位寸法をもとにし、弓や刀といった武具の寸法などを規定していった。

インダストリアルデザイナーであった秋岡芳夫*さんによると日常使っている湯呑みやビール瓶の径などは

2寸5分（約75㎜）。片手で持ちやすい大きさなのだ。また飯茶碗は両手の親指と中指を合わせた円だし、盃は片手の親指と人差し指がつくる円の直径だし…。

＊「あた」は拇指と示指を直角にしてその二指先端間の距離。「き」は一指の幅。「つか」は手を握ったときの四指の幅で刀の柄（つか）はここからきている。「ひろ」は両手を開いたときの長さで、「あた」の10倍、「つか」の20倍。「つえ」はほぼ身長と同寸。仙人の杖が長いのを見ればわかる。「ぶ」は標準の三歩分を指し、およそ１８００㎜。

＊秋岡芳夫（1920－1997）：童画家、工業デザイナー、生活デザイナー、木工家、プロデューサー、道具の収集家など多彩な顔を持つ。ＫＡＫデザイングループを立ち上げ、実績を積んだ。

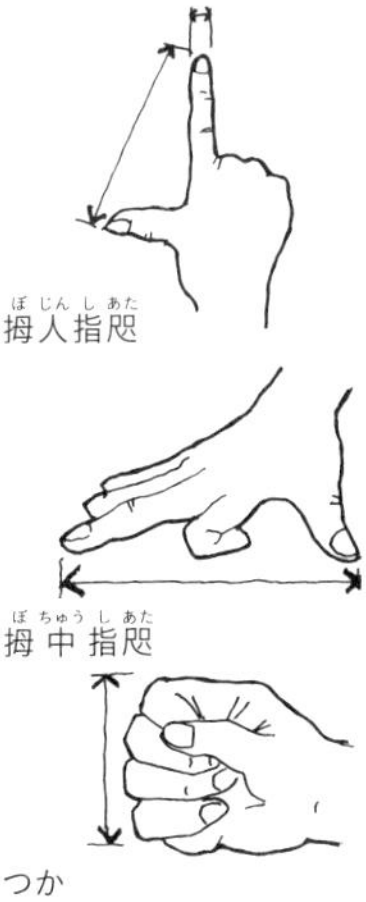

「手」を基準とした身度尺

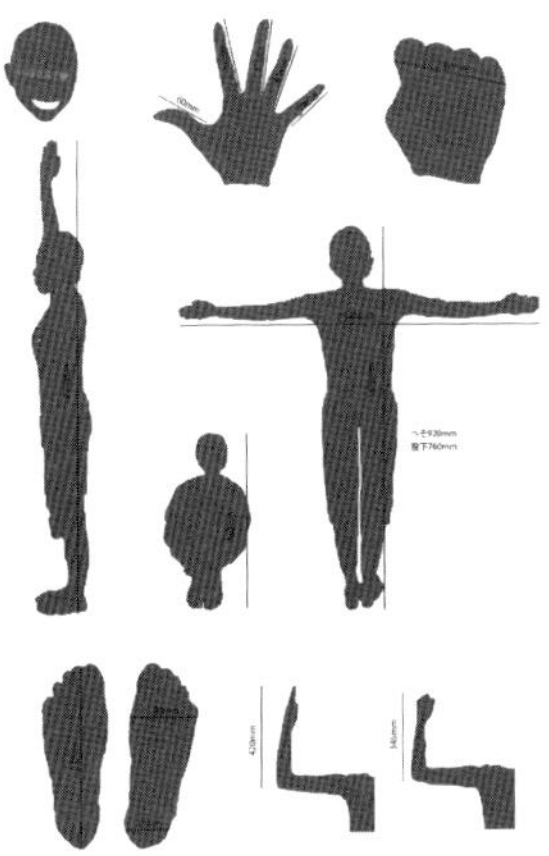

「身体寸法を測る」という
課題の学生の作品

日常使っている食器の大きさを測ってみる

ふるまいと寸法

寸法は実は、所作・ビヘイビア（ふるまい）などと大いに関係がある。所作には文化、宗教、民族性、習慣や年齢、性別が加わり実に複雑。

プロトコルと呼ばれる国際的な儀礼のルールでも、文書の書き方や返書の出し方にはじまり、服装や席次、国旗、国歌、ディナーなどにおける細かな所作や「しつらい」の仕方まで定められており、当然寸法についても規定がある。食事のマナーなどに伴う寸法のあり方は、ふるまいと切り離すことができない。

テーブルセッティングをどうするか。国賓が食事するような正餐では専属のセッティングする係がいて、メジャーでプレートの離れ具合などをきちんと確かめる。キャンドルの高さも、火が銀器に美しく映るように蝋燭の芯を切りそろえる。ミリ単位でテーブルの上をセッティングする世界は、饗宴外交の成否に影響するばかりでなく、「ふるまいと寸法」を考えるうえで実に興味深い。

「天皇の料理番」として知られる秋山徳蔵*が著した『味』（中公文庫）という書があり、その中にテーブルマナーの心がけや所作が細かにつづられている。その中でも、「椅子は左側から着席すること」とか「椅子は充分にテーブルに引きつけ、身体を真直にし、腰を充分その上に落ち着けたとき、身体とテーブルの間が約2寸（6㎝）ぐらいとし、多くとも3寸（9㎝）を越えてはいけない」とか「どんな場合でも肘は5寸（15㎝）以上側方に張ってはならない」など興味深いことが記述されている。

＊秋山徳蔵（1888–1974）：明治から昭和の料理人。フランスに渡航後、東京倶楽部を経て宮内省大膳職主厨長を務めた。

イスラム圏のホテルで見かけたアメニティはモスクのまわりにミナレットを配するような、おもしろいレイアウトをしていた

テーブルコーディネーションの一例

法定寸法と最小寸法

建築基準法施行令や安全条例で定められた寸法というものもある。「最低◯㎜以上とする」とあり、手すり高さ、手すり子のピッチ、階段の蹴上げ・踏み面寸法、扉幅、通路幅、天井高さ…などたくさん定められている。しかし、それはあくまで法令上の最低寸法であって適正寸法とは限らない。適正な寸法は自分で探そう。法はそのチェックのひとつなのだ。

適正な寸法…というものがわかってくると、「では、最小の寸法は?」ということになってくる。ある料理屋の裏方で幅270㎜のドアを見つけて大笑いしたことがあるが、横になって出入りするとおなかが出ていなければ通行可能なのである。イタリアのホテルの小さなバスルームではパズルのような器具レイアウトに出合ったこともある。実に狭いのだが、それでもビデを欠かさないし、スペースに過不足はなく膝が当たることもない。感心してしまった。大きな寸法より、リミットを工夫・追求したものに出合うと感動もの。勇気も湧く。

大きすぎ、高すぎるサイズも「OUT!」と書いて記録する。日本人の体形に原因もあるが、足が着かない椅子、高すぎるベッド、クッションがあっても奥行きがありすぎるソファなど。

航空機のエコノミークラスの座席間隔はほとんどリミット。約700㎜ピッチだが、前の席とのクリアランスは約230㎜。窓側からトイレに行くときは大変なことになる。測っていないが格安航空券の航空機はさらに厳しいらしい。経済的な効率と人間的尺度は、こうしてせめぎ合う。

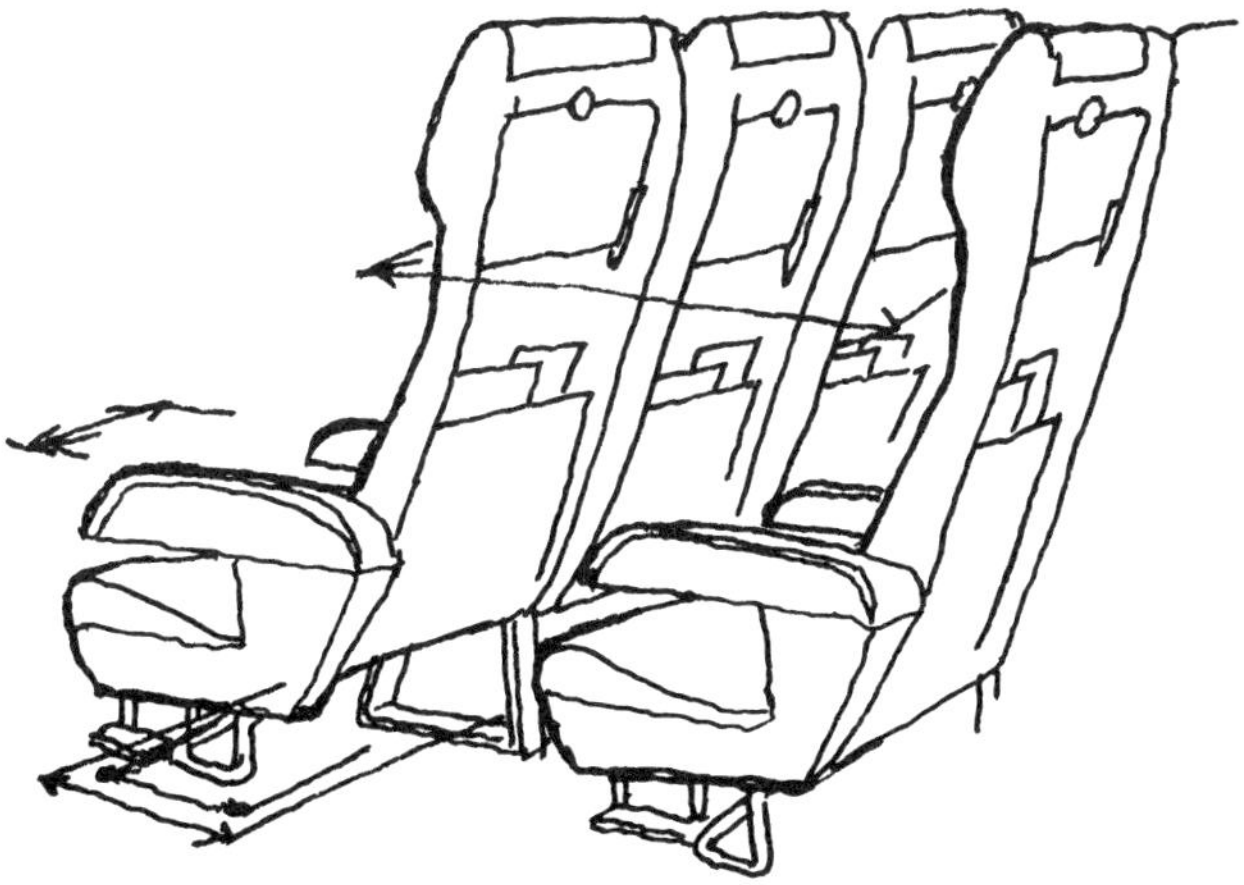

飛行機のシート。エコノミーは座席間隔がほぼリミット

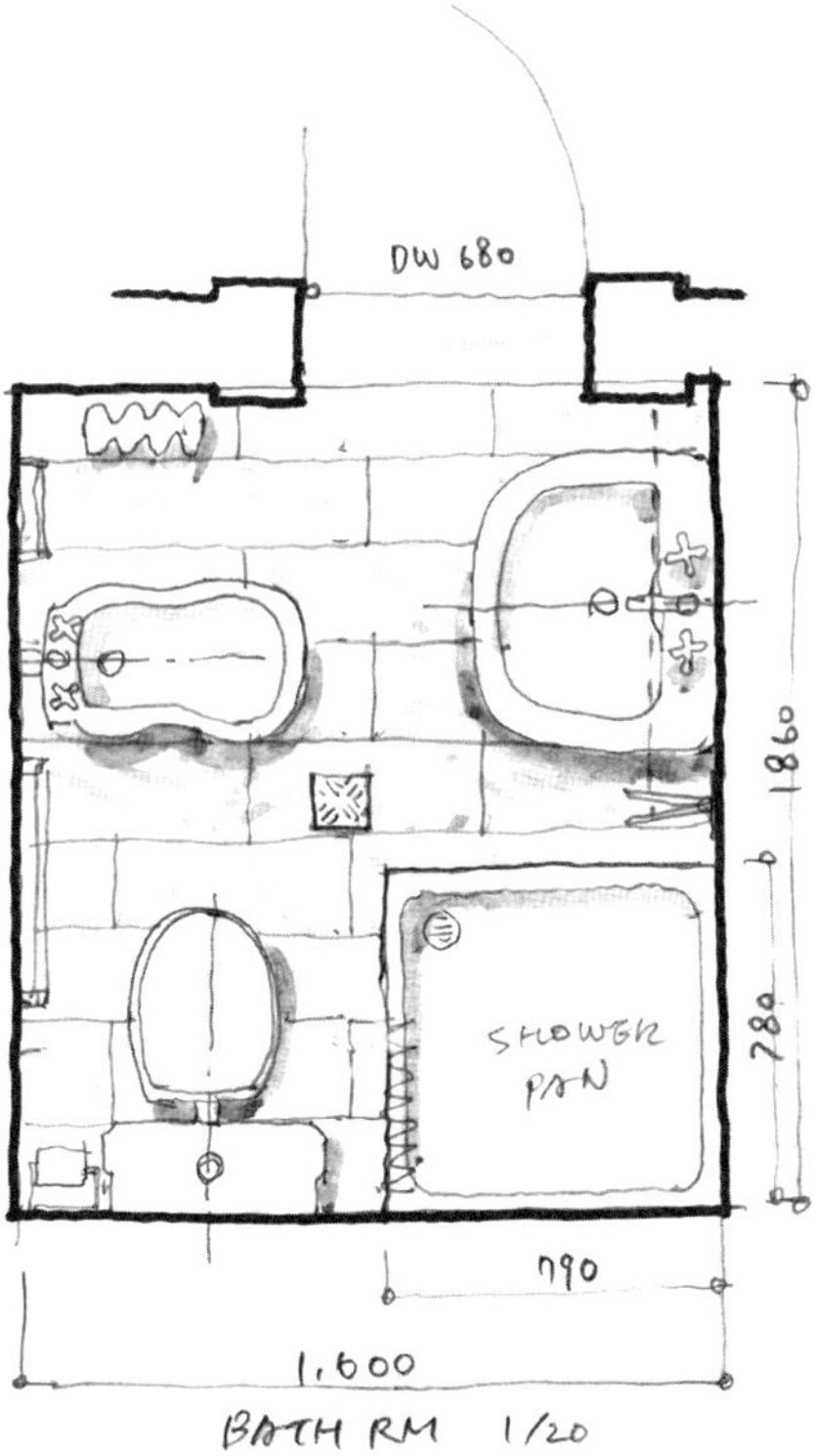

イタリア・メラーノのホテル・モーツァルトのパズルのような器具配置。
1600×1860㎜に4点!

名作の椅子を測る

名作といわれる椅子は、古今東西の著名な建築家やデザイナーの設計のものにたくさんある。掛け心地のいいもの、その人の空間や材料などの考えを端的に表したものなどさまざまだが、そのメッセージを受ける意味でも、それらをよく観察し、細かいところまで自分で測るようにしたい。カタログで数値を見ればすむとか、写真を撮ればいいということではスケール感が肉体化しないし、その数値やかたち以外のところに秘密が隠されていることもわからずに見過ごしてしまう。

できれば1本、やや高価だが名作をなんとかして購入する。毎日それを使うことでいろいろな発見がある。建築は買えないが椅子なら買える。

椅子の場合はD、W、H、SHなどをミリ

名作といわれる椅子。かたちもさまざま

で表そう。Dはdepth（奥行き）、Wはwidth（幅）、Hはheight（全高）、SHはseat height（座高）。アール、座の厚さや脚の太さなどのディテールは後で測る。先にマンガのような絵を描いてから測る。

椅子は重さも測ろう。机はある程度重く、椅子は軽いほうが操作しやすいというのは常識だが、ジオ・ポンティ*の名作椅子スーパーレジェーラ（1957）は1・7kg。この椅子のように脚を細いトネリコ18㎜の三角断面として小指でぶら下げられるというのは珍しい。秤《はかり》を持ち歩くわけにはいかないが、「おっ、これは重い。何キロだろう」と思うことがある。持つだけで重さの見当がつけられるといい。

*ジオ・ポンティ（Gio Ponti 1891−1979）：イタリアの建築家、インダストリアルデザイナー。雑誌「Domus」初代編集長。建築作品にピレリ・ビルなど。

ジオ・ポンティのスーパーレジェーラ

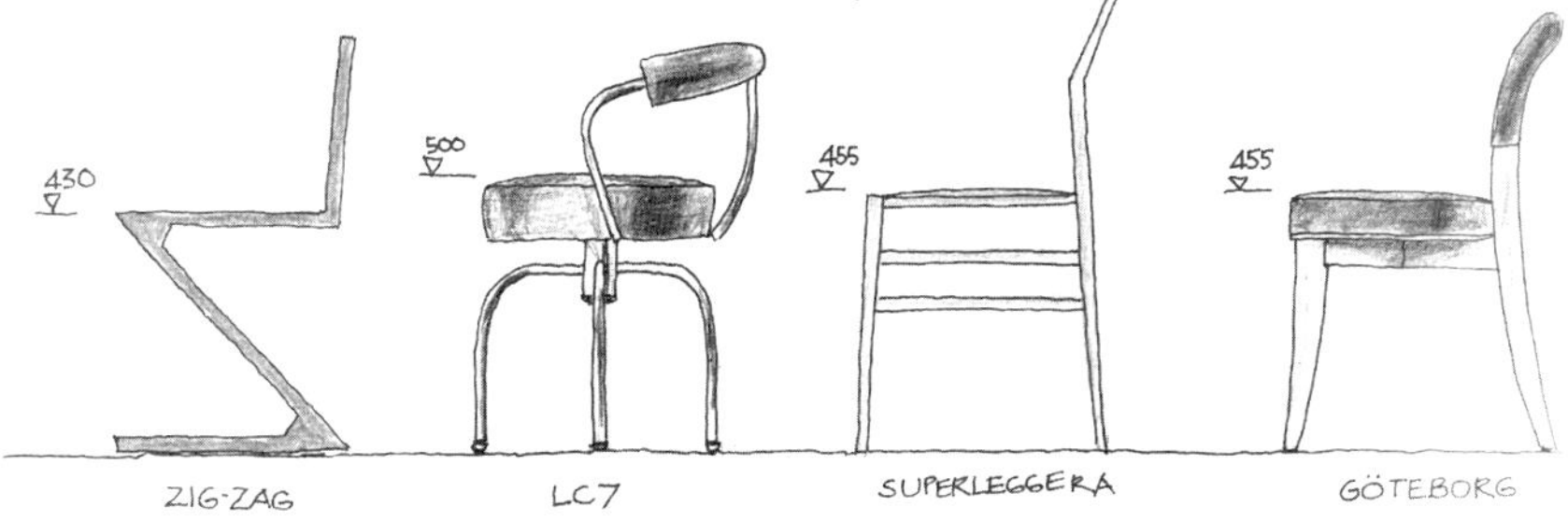

座高を比較する

こだわりの寸法

ものの寸法は所作とのかかわりでも決められるが、それを追求して「こだわり」へつながった話がある。

山本夏彦*さんの『『室内』40年』（文春文庫）に所収の話。ある指物師が古道具屋の店先で桑の7寸5分高の長火鉢を見つけるというくだり。普通1尺高につくるところを、座布団に座り、伸ばした手がスンナリ美しく見えるその火鉢の高さは7寸5分…それを見つけた指物師、「師匠、お懐かしゅう」ということになる。その約75㎜の差がクセモノなのである。

京都に学生の利用が多い、とあるパン屋・喫茶店がある。由緒ありそうな空間はなんともいい。そこに人間国宝故黒田辰秋*がつくったナラの長机とベンチ椅子が並んでいる。重く黒光りするそのベンチは座り心地がいい。そこに座るたびに、測ってやろうと思ってきた。ある日、客が少なかったので実行。テーブル＝H：695、D：745、厚さ：55㎜。ベンチ＝H：375、D：345、厚さ：40㎜。長さは約2000㎜、高さがテーブルは700㎜以下、ベンチは400㎜以下と、微妙に抑えられているということがうれしかった。

ホテルの客室などのティーテーブル。お茶を飲んだりするが、実は汎用性があまりない。だいいちいまや灰皿がない。600㎜という高さは書き物や食卓にも低すぎる。PC操作もでき、簡単な食卓にもなる高さはないか。630とか650㎜という寸法のテーブルがあった！　やや大型のこのテーブルは「ロマノフ・テーブル」といわれる。ロマノフ王朝、その最後の皇帝ニコライⅡ世が王妃に贅を尽くしたテーブルウェアやプレゼントした品を並べて見せるために高さを抑えたのだ。その高さが今、着目されている。

＊山本夏彦（1915－2002）：随筆家、編集者。インテリア専門誌「木工界」、その後「室内」を発行。「日常茶飯事」としてコラムを連載した。

＊黒田辰秋（1904－1982）：漆芸家、木工家。民藝運動に加わる。重要無形文化財保持者。

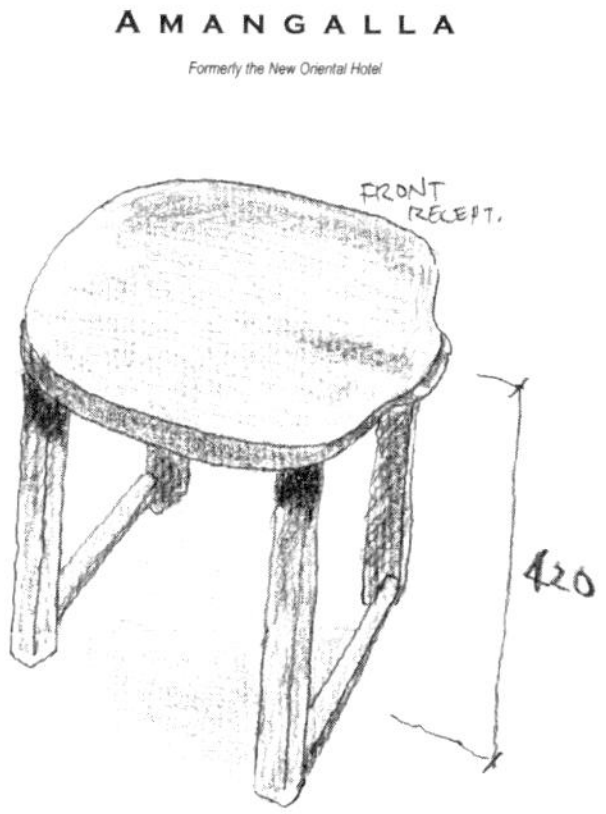

スリランカのホテル・アマンガッラのフロント・レセプションで使われていたスツール

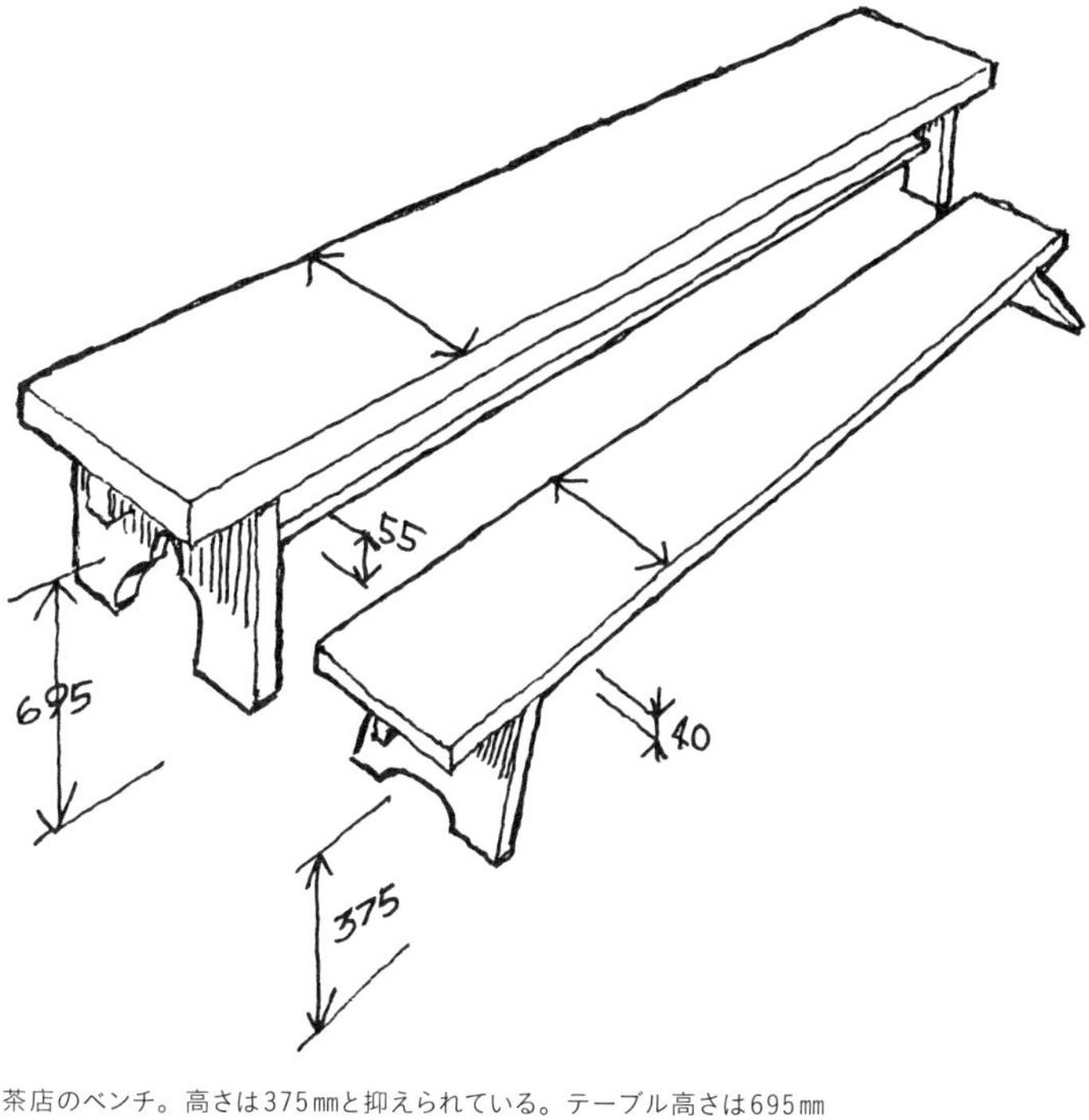

パン屋・喫茶店のベンチ。高さは375㎜と抑えられている。テーブル高さは695㎜

差尺と視線高さ

洋式の生活空間におけるテーブルやカウンター高さはおよそ図のようになる。

差尺とは卓面と座面の距離をいう。食事には３００㎜前後が多いとされ、これは小さくても大きすぎても食事しにくい。和食のように食器を持ち上げて食事をする場合と、洋食のように食器にあまり触れない場合でも差尺が異なる。また、和食でも卓上でカセットコンロなどを使う鍋料理では鍋の中が見えないこともある。

秋岡芳夫さんは「椅子の脚を切ろう」とか「差尺３００㎜は大きい、２５０~２７０㎜がいい」「テーブル高さは６１０~６５０㎜」「椅子の座は３６０~３８０㎜」などと提唱した。靴履きで家具を決め、家に届いて「少し高いな」と思ったことに基づいている。回顧展の会場にあった「あぐら椅子」のＳＨはなんと３５０~３８０㎜、秋岡さんの作業卓（自作）を測るとＨは５５０㎜！　であった。

卓をはさんで人が向き合えば視線の高さも工夫が必要。京王プラザホテル札幌のメイン・バーではバーテンダー側の床を３８０㎜下げた。ハイカウンターではその必要がないが、ハイチェアにするかカウンターの下に足掛けが必要。

畳と座卓の「差尺」は、正座、胡座《あぐら》、座布団使用などの場合によって寸法が異なる。畳の上で使う座卓の高さは３３０㎜程度だが、接遇施設などでは座敷の畳を「掘りごたつ」のように床下げをすることがある。固定的な掘りごたつ型は和室としての汎用性を失うが、高齢者や外国人にはありがたい。ある施設では床を３４０㎜下げ、卓高さは畳面から３３５㎜とした。椅座のかたちで座椅子や座布団を使った。

①約1100：立ち飲みカウンター
②約1050：ホテルのレセプション・カウンター
③約850：調理台の高さ。低いと腰が痛くなる
④約750：バーのローカウンター
　約730：洗面台
　約720：靴履きの事務机の高さ
　約680：靴を履かない食卓高さ
⑤約650：ロマノフ・テーブル
⑥約540：立礼の点茶、喫茶
⑦約400：ラウンジチェア前のテーブル高さ

（単位はmm）

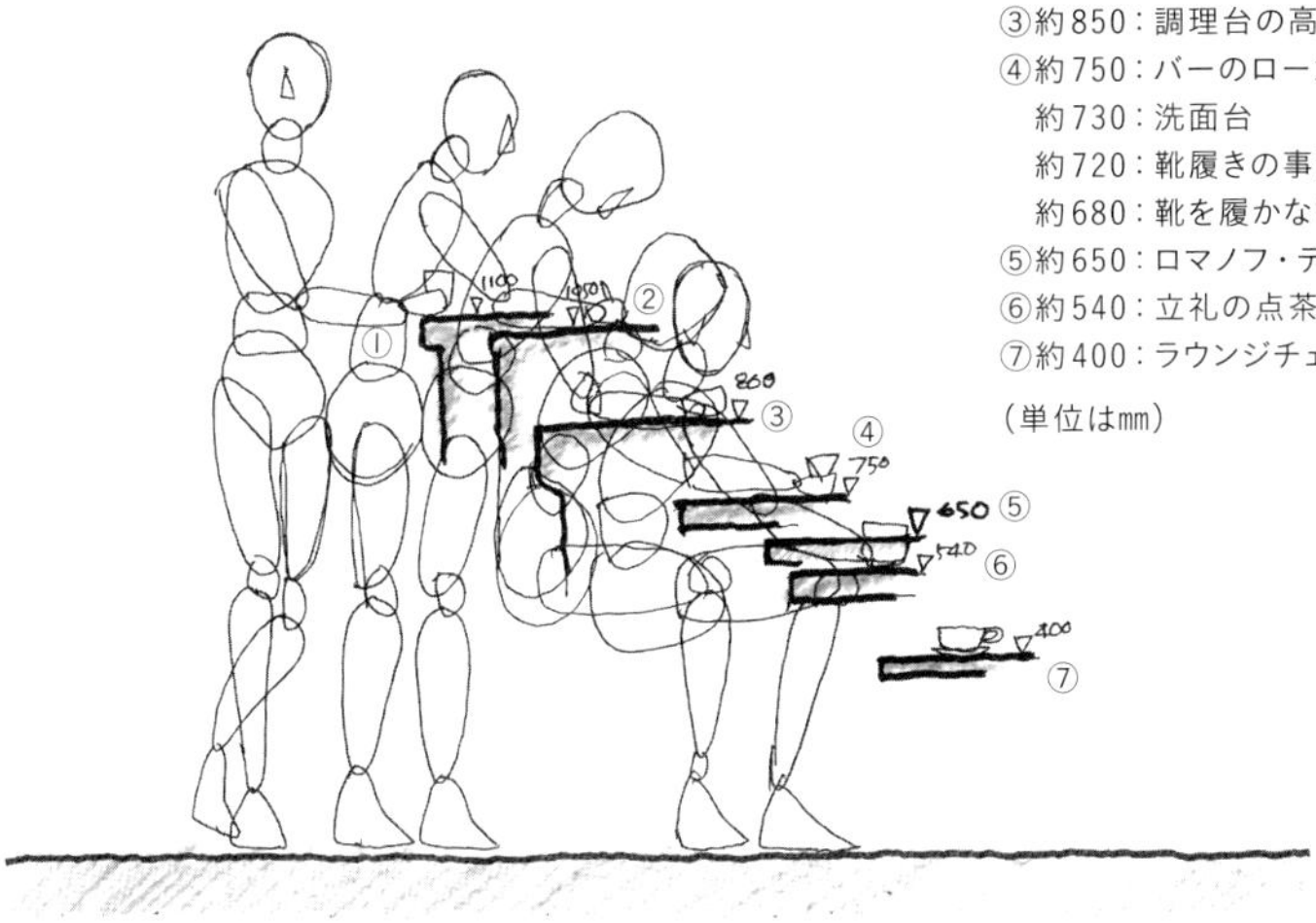

卓の高さと姿勢

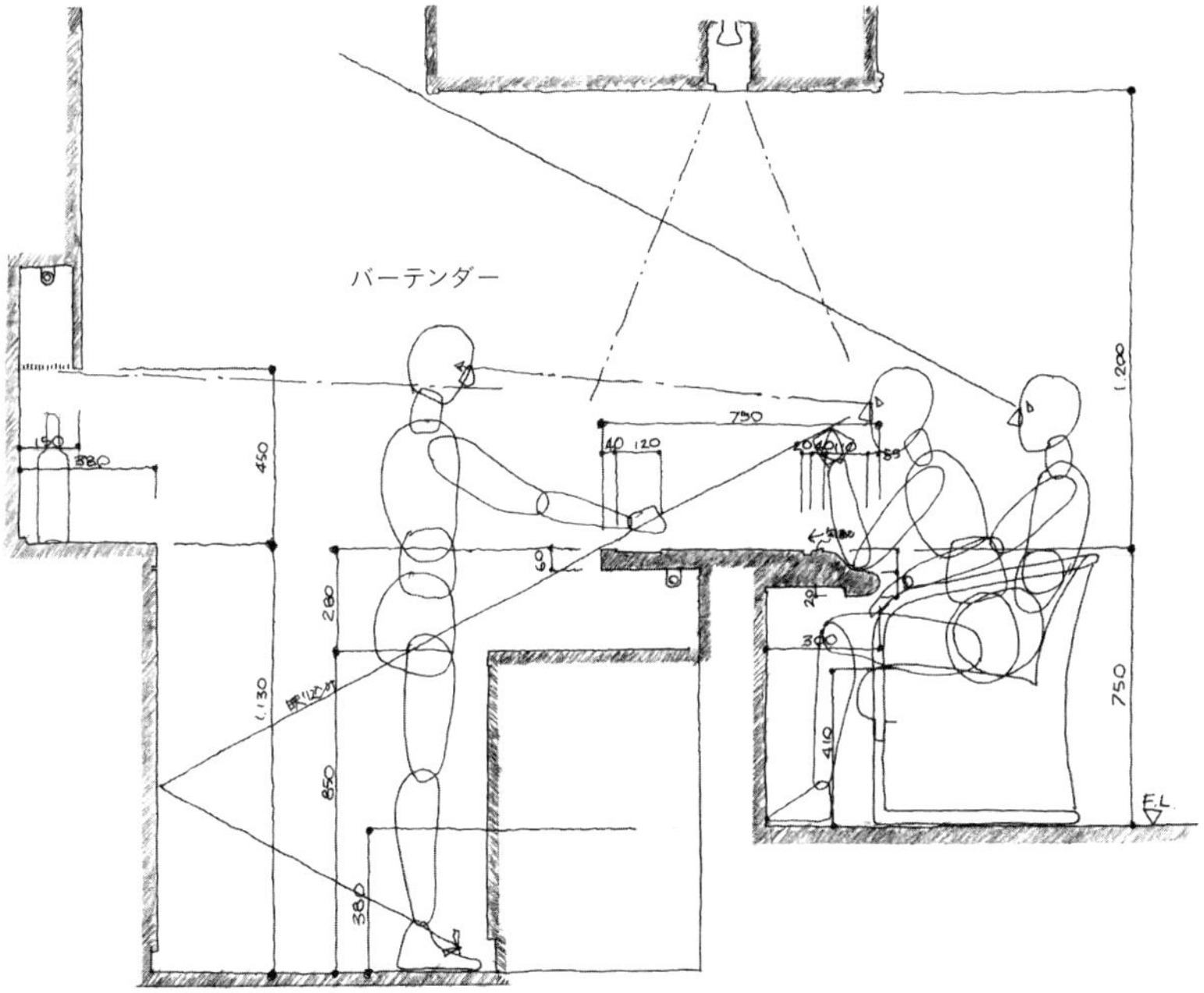

ロータイプのバーカウンター。バーテンダー側は380mm床を下げている

すまいを測る

建築は「住宅にはじまり、住宅に終わる」といわれる。

自分の身体部位を測ったら、次に自分の、あるいは友人のすまいを測って描いてみよう。

住宅を知ることは生活空間をよく知るということだ。毎日寝起きしているスペースを改めて図にしてみる。すでにある平面図をトレースするのではなく、「内法」で寸法を測るのだ。家具も余さず描き入れる。天井高さなども忘れずに計測して、断面展開なども描いてみる。色もつける。できたものを見て「こんなに小さいのか」とか、「この部屋、使い勝手が悪いな」などと言いながら改めてよ

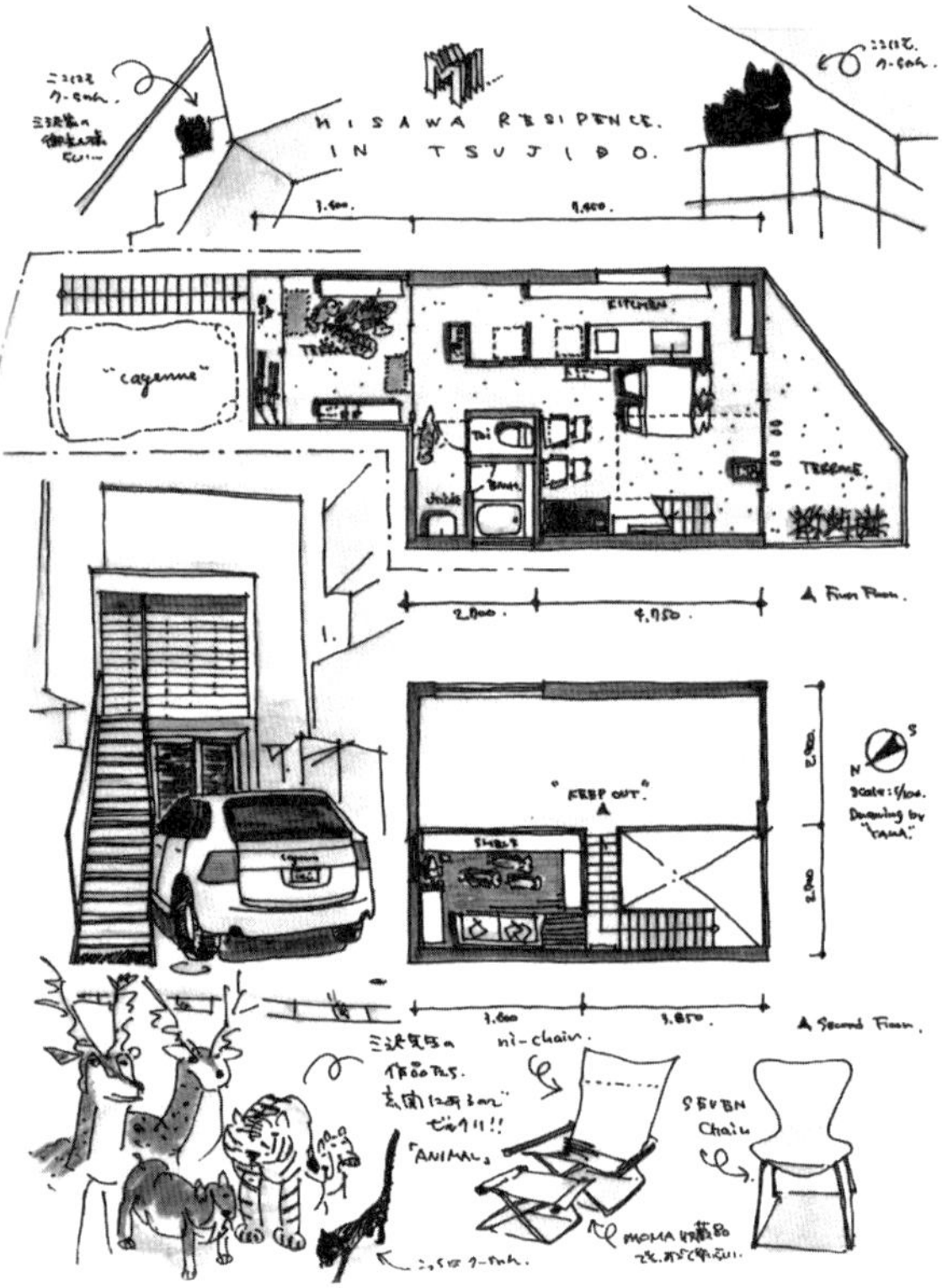

自分の家や友人の家を測ろう

く見る。できれば友人や同僚のすまいと比較してみたらいい。ひとり暮らし、新婚、同棲、家族、親と同居、高齢者のみなど生活のパターンや、アパート、持ち家などの状況でどう変わるかなどがよくわかる。

　日建スペースデザインでは、社員同士ですまいを測り合って社内のメールマガジンに載せているが、毎回大変おもしろい。インテリアデザインの会社だから、どんなに小さなひとり暮らしのすまいでも、持ち家でもよく工夫している。実際に見ないとわかりにくいものだが、それを図にすることで、空間や生活を理解する身近な訓練にもなっている。

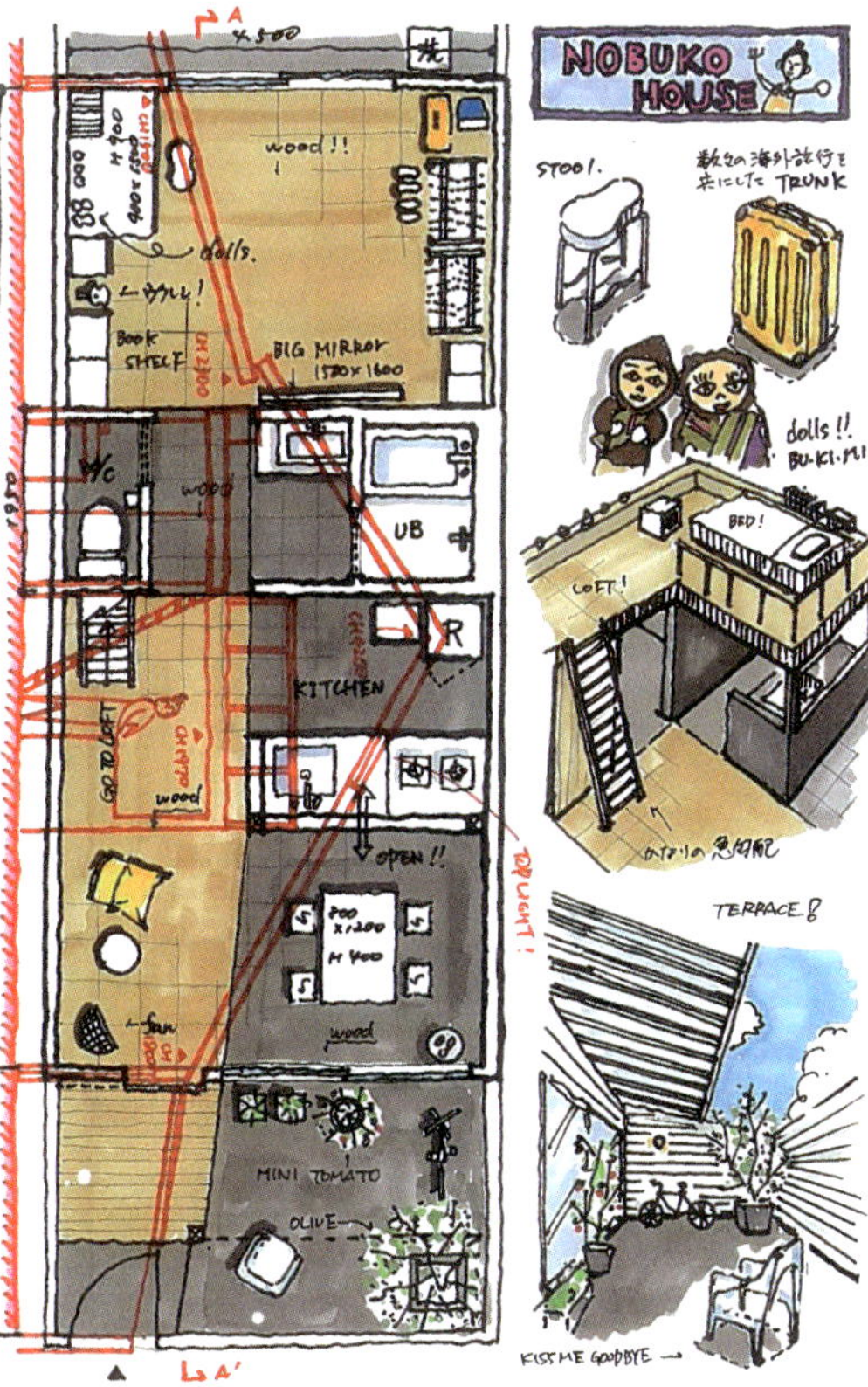

平面図と断面図を１枚の中に表現

街に出て測る

今和次郎*という人がいた。早稲田大学の先生だったが、「考現学」というものを提唱した。ものを測るばかりではなく、街の中の洋服の色や、スカートの丈、かたちなどを調べ、考察した。その関心の対象は従来の分野の垣根を越えて、その後の民俗学、文化人類学、ファッションなどに携わるさまざまな人に大きな影響を与えた。そんな考現学に似た意識で、街を、事物を観察し、測りたい。

しかし、街の中で堂々と実測するのがはばかられることもある。ホテルのロビーでは他の客にカメラを向けてはいけないし、メジャーも出しにくい。そのときは覚えたマイメジャーの登場となる。

電車などの大量輸送交通の、人にかかわる寸法も測っておきたい。JR中央線などの7人掛けベンチシートの長さは3300㎜。つまりひとりあたり470㎜くらいと意外に狭い。隣の人と「袖擦り合う」どころかコートを着た肩幅など550㎜くらいあるので肩がぶつかる。最近は荷物棚までいたる縦パイプで2席、3席、2席と分けられている。縦パイプがあると、それが柱みたいになって座りやすくなる。シートにもお尻のかたちがつけられているので、お行儀悪く座ることもできなくなった。「奥行き」もいろいろある。車両や路線にもよるが、たくさん乗車させるためにとても浅いものもある。ぜひ実際に測ってみてもらいたいが、測るときは不審に思われるから終電か始発にしよう。

電車の吊り革のピッチはとても小さい。立った場合は「すし詰め」でもやむをえないのだ。その高さもいろいろ。これもマイメジャーで測ってみよう。

*今和次郎（1888–1973）：民俗学研究者。東京美術学校出身。画家でもあった。民家、服装研究などに業績を残す。「考現学」を提唱した。

農作業小屋

水上トイレ

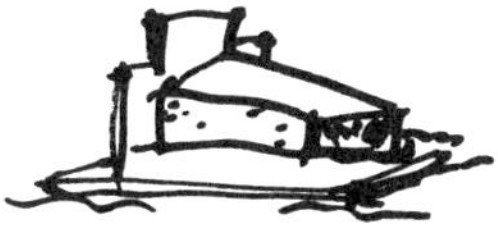

墓

犬とニワトリ

馬車とトラック

旅に出たら、その国の文化、風俗、暮らしを写し取ろう（中国・北京やベトナム・ホーチミン近郊で見た街の風景）

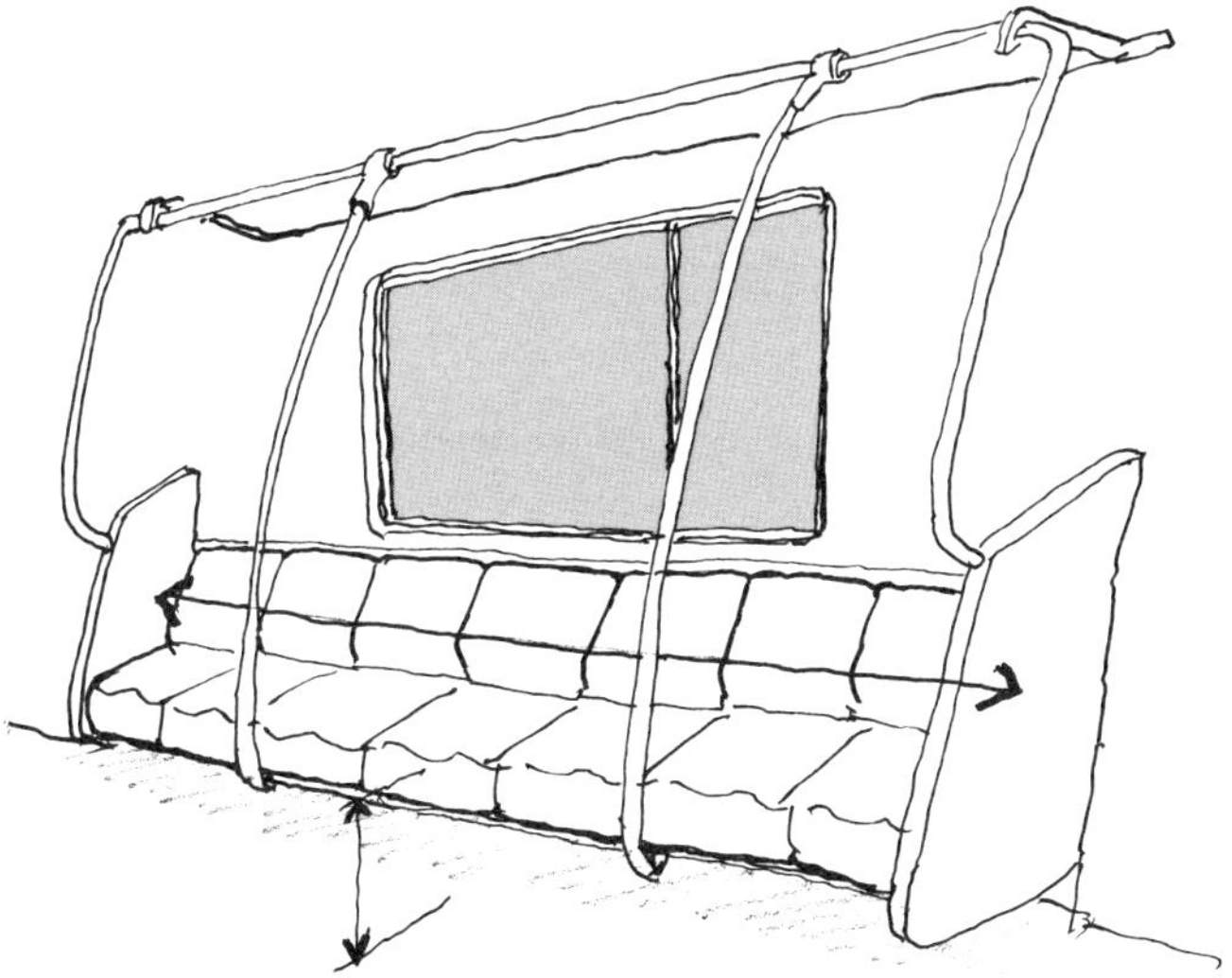

電車のベンチシートは意外に狭い

建築のディテールを測る

「細部に神が宿る」というようにディテールにはその建築全体以上に建築家の意図が表れることがよくある。それを見つけ出して、自分だけのスケッチブックに記録するのは喜びにつながる。ここでは、ディテールのかたまりと、ディテールらしいものがない対照的な建築2例を紹介しよう。

●デンマーク国立銀行（アルネ・ヤコブセン[*]設計）

この地味ともいえる建物をつぶさに拝見する機会に恵まれた。あの有名なPC鋼棒[*]で吊られた階段のあるロビーの写真しか知らなかったのだが、建物全体をよく見て強い衝撃を受けた。何から何まで徹底的にデザインをしている。まるでディテールのかたまりだ。鉄骨、サッシュはもちろん、ハンドレール、ハンドル、階段、建具、家具…既製品などけっして使わず、ヤコブセンはここだけのカスタムメイドのデザインをしまくっている。この建物は珠玉のディテールの膨大な集積なのだ。そしてとても美しく、合理的だ。あらゆるものをデザインし尽くすなど、なんと羨ましいことか。きわめて残念ながらその場ではカメラはもちろん、メジャーやスケッチブックを取り出すことも禁じられた。セキュリティのためである。目に強く焼き付けたのは言うまでもない。

アルネ・ヤコブセンのデンマーク国立銀行（コペンハーゲン/デンマーク、1978年）

●野のチャペル（ブラザー・クラウス野外礼拝堂、ピーター・ズントー*設計）

草地の小高い丘の上にあり、高さ11mほどの内外コンクリートの建物で仕上げなどない。天井にガラスも入っていない。ほとんどディテールらしいものがなかった。下軸支持の鋼製三角扉があるだけ。地主夫婦たちが設計図をもとに112本の丸太を立て、そのまわりに24回コンクリートを打ち、内部で3週間火を焚いてから丸太を抜いたという。壁のセパレータ穴には吹きガラスを詰め、床には鉛を流した。室内に雪が降り、それはきれいだったという。こんなものが地球上にあったということに感動して不覚にも涙を落としてしまい、測るどころではなかった。というよりこの建物はディテールなどを測ることに意味がなく、人の心を動かす「神」のような力があり、それに打ちのめされたのだ。

＊アルネ・ヤコブセン（Arne Emil Jacobsen 1902–1971）：デンマークの建築家、デザイナー。ロイヤルホテルやデンマーク国立銀行などの建築のほか、数多くの椅子や家具を設計。セブンチェアは500万本以上販売された。

＊PC鋼棒：プレストレスト・コンクリート用の鋼材のひとつ。高周波熱処理を与えた棒鋼。

＊ピーター・ズントー（Peter Zumthor 1943–）：スイス・バーゼル生まれの建築家。作品に聖コロンバ教会ケルン大司教区美術館など。高松宮殿下記念世界文化賞、プリツカー賞などを受賞。

ピーター・ズントーの野のチャペル
（アイフェル地方ヴァーヒュンドルフ／ドイツ、2007年）

2 手で描く

測ることと描くことは切り離せないが、
よく見、手を使うことで描くことが面倒でなくなる。
スケッチをすると全体と部分を瞬時に捉える力がついて、
大きさなども間違えなくなる。
いつの間にか、見なくても描けるようになり、
空間や家具の構想をエスキスで表すことができるようになる。

「森の家」の計画。鳥瞰図のような絵を描くとわかりやすいことがある

見て描く

美術系大学の講師をして驚いた。みな、意外に手を動かしてスケッチを描かない。設計事務所でもスケッチ用紙の使用量が激減している。これはどういうことだ。就職の面接時にパソコンやＣＡＤ、ＣＧのスキルを尋ねられ、「できません」と答えると合格しにくいだろう。では、手描きはできなくてもよいのだろうか。建築やデザインを志す者にとって手を動かすことは、キーボードやマウスを操作することに先んじて習慣化しなければと思う。描けなくなる。

まず、見て描こう。見て描くとは知ることである。知るとは覚えることだ。ルネサンスの画家は天使が空を飛ぶ様子を下から見上げるように描けた。たくさんデッサンをすると人体がよくわかるようになり、やがて見ないでも描けるようになるのだ。いつの日か見ないで描くために、今、よく見て描こう。われわれはデザインのプロである。またはプロになろうとしている。そのうちエスキスを重ね、自分の設計した建築や室内をどこからでも描けるようになる。

小さなスケッチブックとメジャーと鉛筆をいつも持ち歩こう。家具などはスケッチをすぐ描いて測った寸法を書き入れて覚える。建築でも室内でも家具・什器でも風景でも静物でも人体でもとにかく描く。スケッチブックは美しいものではない。ぐちゃぐちゃに描いてあるがそれでいい。太い鉛筆などでクロッキーのように速く描くことも大切だ。全体と部分の関係がわかるようになる。一気に把握できる力がつく。

伊豆で見た「妻入り」の倉庫（サインペン）

バルセロナのホテル、朝食のルームサービス（水彩）

スウェーデン・ストックホルム、ガムラスタンの狭い路地（セピアの色鉛筆）

風景などを描く

自然の風景や、街の様子など周辺の環境や雰囲気をできるだけたくさんスケッチする。手を動かす前に車や人物などもよく観察すること。

スケッチにはできるだけ色をつけることをすすめる。色彩に繊細になる。水彩や色鉛筆を取り出すことは面倒だが色の持つ情報量はすごい。それに壁のペンキの色など、同じ白でも、パレットの上で混色してみると「赤みのある白」とか「青みがある白」などと思いがけない発見があっておもしろい。水彩は色鉛筆よりずっと早く描ける。

風景などを早く描くと、全体を大きく特徴的に捉える力がつく。早描きは大切なところをストレートに伝えることができるようになるのだ。フランスの新幹線TGVなどに乗っていて車窓に映る外の景色を描こうとすると、速いのでどこにもない風景画になってしまう。でも確かにフランスの田園になるものだ。

福島県喜多方の農家(水彩)

画家じゃないのだから画材を限定しないこと。水彩、油彩、鉛筆、色鉛筆、サインペン、クレパス、なんでもいい。それらを混ぜてもいい。コンテで描く。白いダーマトグラフ*で描いてから水彩絵具をのせて白抜きにする。カッターでひっかく。ティッシュや指などでこする。

まるで透視図のようなスケッチをする人がいる。スケッチすると消失点のようなものがわかってしまったり、遠近法みたいになるものだが、そういう「決まりごと」に頼らずに描くことだ。透視図をつくろうとしているわけではない。断面風、断面展開風、鳥瞰風、アイソメ風、マンガ風…なんでもいい。シカゴのホテルで鳥瞰図のような部屋のスケッチを描いていて、ハウスキーパーのおばさんに見つかったことがある。「あなたは天井に上ったのか?」と恐ろしい顔で質問された。

*ダーマトグラフ：皮をめくるようにして芯先を出す色鉛筆。芯にワックス分が多い。

スキーリゾートの計画スケッチ（サインペン、水彩）

リゾートホテル客室の計画（カラーペーパーに色鉛筆、水彩）

フランス・アンボワーズの路地（水彩）

北海道チミケップホテルのテラスから見た風景
(鉛筆、水彩)

オーストリア・ウィーンの観光馬車
(サインペン、水彩)

ベトナム・ホーチミン郊外のけだるい街路(サインペン)

長野のペンションを鳥瞰風に描く(サインペン、水彩)

中国・周荘の運河(ペン、水彩)

フランス・オンフルールの港（サインペン、水彩）

「第九」コンサート・パンフレットのために描いたイラスト（色鉛筆、水彩）

花や静物を描く

花でも器でもなんでもいいのだが、身近な静物をたくさん描く。描くのが億劫にならず、すぐ道具を取り出せるようになる。庭の花でも、はがき大の紙などに水彩で描くようにする。パレットを持って飛び出して一度に5、6枚。それが300枚もたまると収集癖みたいになる。描いていると花や葉のつき方や向きなどに法則性を見つけ、観察眼と分析力がつく。

魚や昆虫などの生き物は図鑑などを見て描くこともいい。ほんとうは実物を見て描くのがいいのだが、そうはいかないときにこうする。魚の図鑑なんか模写すると

季節の花を描く（水彩、上段左のみ水彩とダーマトグラフ）

「ははあ、アブラビレというのはここにこんなふうについているわけね」なんてことがよくわかる。仕組みやプロポーションなどを頭に叩き込む。

テーブルの上の料理や購入した土産もの、ホテルのアメニティグッズなどもスケッチするといい。メニューや感想などもそれにどんどん書き込む。

カマキリ（鉛筆）

スリランカのホテル・ルヌガンガにあったプルメリアの樹（鉛筆、水彩）

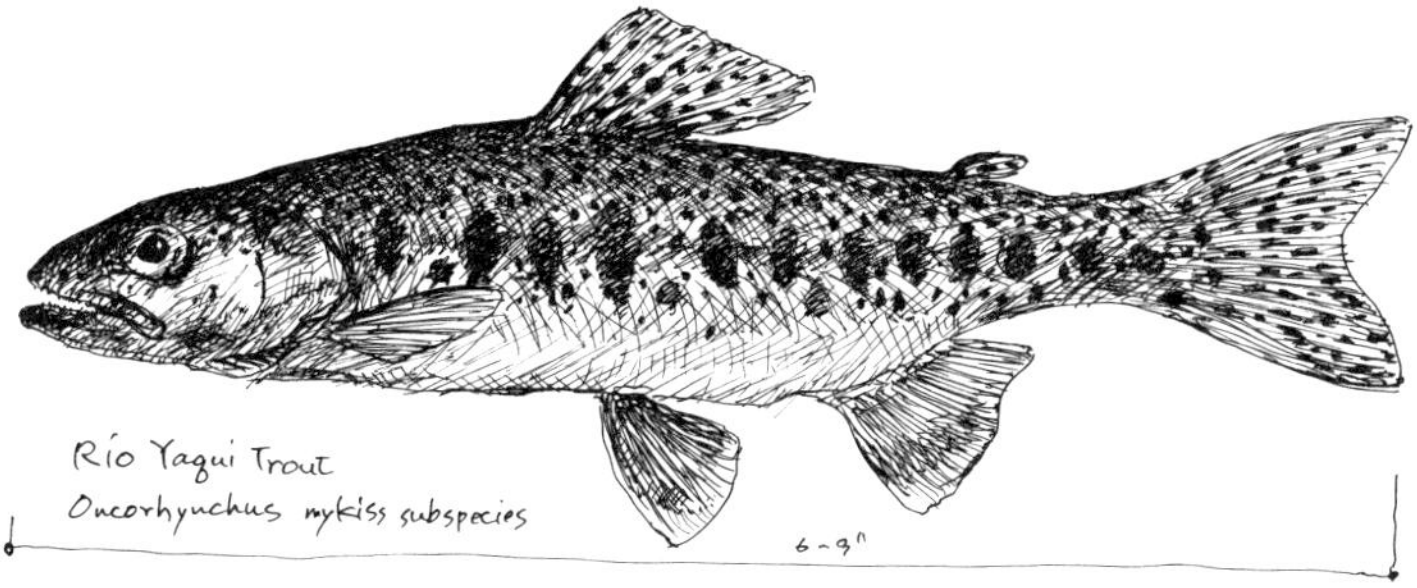

魚の図鑑を見て描く（サインペン）

スケッチとエスキス

頭の中にあるモヤモヤとした構想を、スケッチを重ねることで何かに収斂させていく。見えなかったものが見えるものになってくるのだ。そのとき、測った寸法やたくさんスケッチした訓練が生きてくる。スケール感が身についていればプロポーション感覚は大間違いをしない。

スケッチやエスキスを繰り返し描く。トレーシング・ペーパーやイエロー・ペーパーを重ねながら何十枚と描いていくと、だんだん構想がまとまり、「かたち」が現れてくる。1枚目に戻ったりもするものだが、主題がだんだん明解になってくる。デザインの「意図」のようなものが現れてくる。答えはひとつではないとはじめたものが、これしかない、たったひとつの答えだと信じるものにたどり着く。

敷地図や平面図などの上に頭の中身をさらけ出すときには、たくさんの線や補助線などを真っ黒になるほど描く。その中から1本の線を選び出していく。ときには紙を折ったり、切ったり、貼ったり。フィードバック、試行錯誤を繰り返すと手と頭と目がフル回転をはじめる…。

CADにする前も、とにかく手で描く。データにしてしまうと図面をつくるというプロセスに入ってしまうような気になってしまうのだ。少なくとも私はそう。手を動かすとそれを見てさらにいろいろな発想が生まれてくる。

ロビーのイメージ・スケッチを描いて空
間を把握する。53ページの左下の図と
比べてみよう

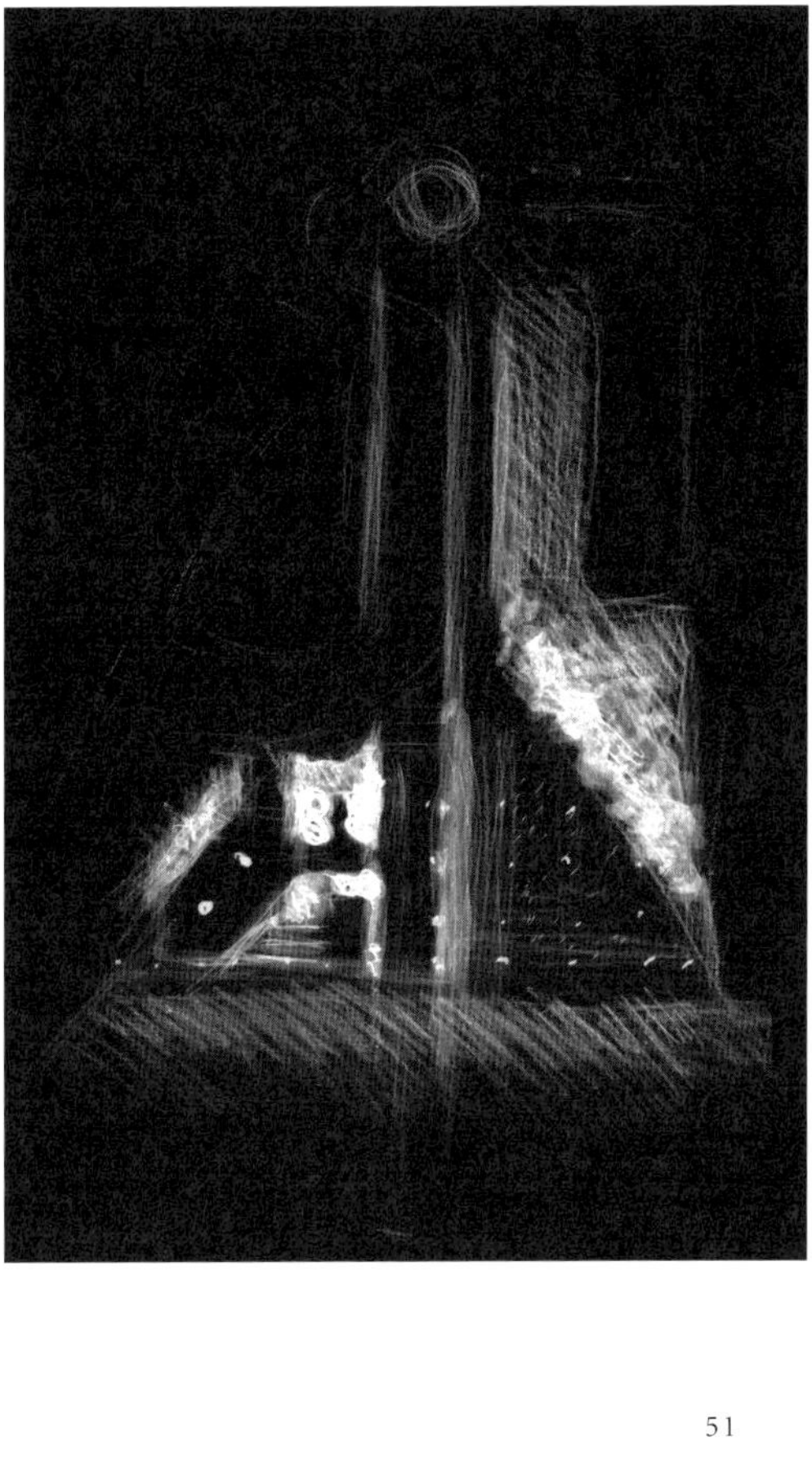

平面コンセプトのスケッチを白
黒反転させてみる

人のかたちを描く

スケッチの現実化が進んでくると図面のようになってくる。20分の1とか50分の1などの図を描く場合、できるかぎり「人間のかたち」を描き入れるようにしよう。スケール感を確認し、大間違いをしないためだ。矩計《かなばかり》のようなスケッチには欠かせない。

石膏像などを売っている画材店で「エルゴノミクス人形*」とでもいうような、関節が曲がる人形を売っている。立・断面用のテンプレート状のものもある。あれをソラで描けるようにしたい。身長などを決めればあとの体の部位はすべてプロポーションとしてフリーハンドで描けるようにする。何度も描いているうちに人体の比例を覚えてしまう。横からばかりでなく、正面からも、上からも描く。それを縮尺に合わせて自在に描けるようになれば、人間の部位と建築金物の高さや家具の高さ、手の届く範囲など間違うことがなくなる。

立つ人、座る人、走る人、子供、老人、車椅子を使っている人、その平面など…。人のかたちはできるだけ正確に描く。立・断面に人を描き入れてスケールや視線、見える見えない、手が届くかどうかなどを確認する。空間を人が動き回るようになると「ははあ、この部屋、意外に大きいな」とか「軒先の御簾はこのくらいの長さがいい」などということがわかるようになる。人間の所作や視点があって初めて空間に意味が出てくることもわかる。

*エルゴノミクス：人間工学のこと。人間工学は、人間の扱う機械や道具をひとつの系として考え、その関係を医学、心理学、物理学、工学の面から研究し、人間の生理的・心理的特性に適合した機械を設計することを目的とした学問（『建築大辞典』彰国社より）。

人のかたちを描いて高さを考える

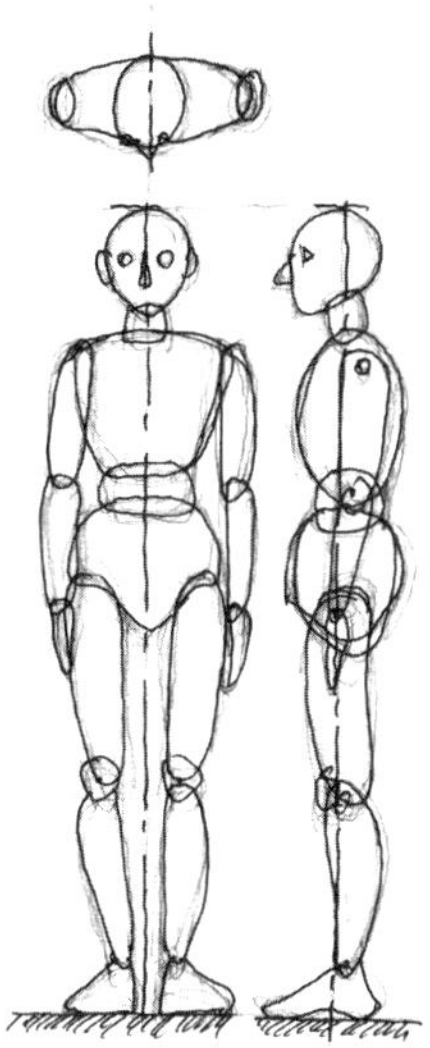

エルゴノミクス人形

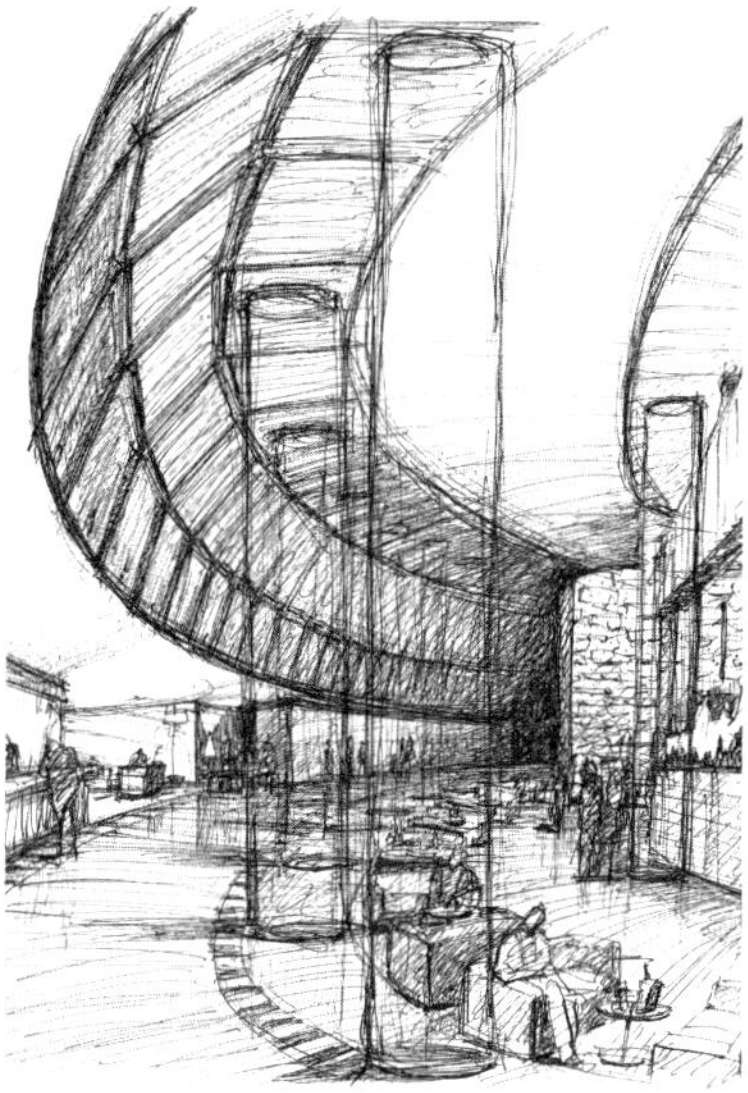

スケッチに人を入れる

部屋やテーブルの大きさを確かめる

ハードラインをやめる

図面化は、今はＣＡＤが主流だが、あえてハードラインをやめて描くことも提案したい。構想が固まる過程で、クライアントにストレートにわかりやすく主題を伝えるとき…、プレゼンテーションの技法として…などハードライン以上の効果になることがある。

それに、ＣＡＤで美しく描かれた図には時々だまされる。縮尺は自由になるし、指示していないと平気で間違った寸法を記載してしまう。いまやコンピュータを介さない図面はないみたいだが、手で描かれた図面を見ると間違いを見抜けるのだ。自信のなさそうな「ためらい線」を見抜くこともできる。

定規、ものさしをできるだけ使わない。少しくらい曲がった線でもいいのだ。模型のように天井を外した鳥瞰図などを手描きにすることもある。意図がよく伝わる。フリーハンドで描いていくと全体を大づかみにすることができるようになる。意識が隅々まで行き渡り、何が大切で何がそうでないかを確認できるようになる。

ある保養所*のコンペのとき、提出物のハードラインをいっさいやめた。きちんと描くと硬い感じがしたのだ。薄茶色のコットン系の色紙に、平面や断面展開をカラーサインペンで定規を使わずに描いた。感情が乗るような気がして訴求力があり、建物が自然になじむようなコンセプトがよく表現できた。

＊日建設計飯綱山荘：１９９１年竣工。日建設計創業90年を記念して社内コンペが行われた。

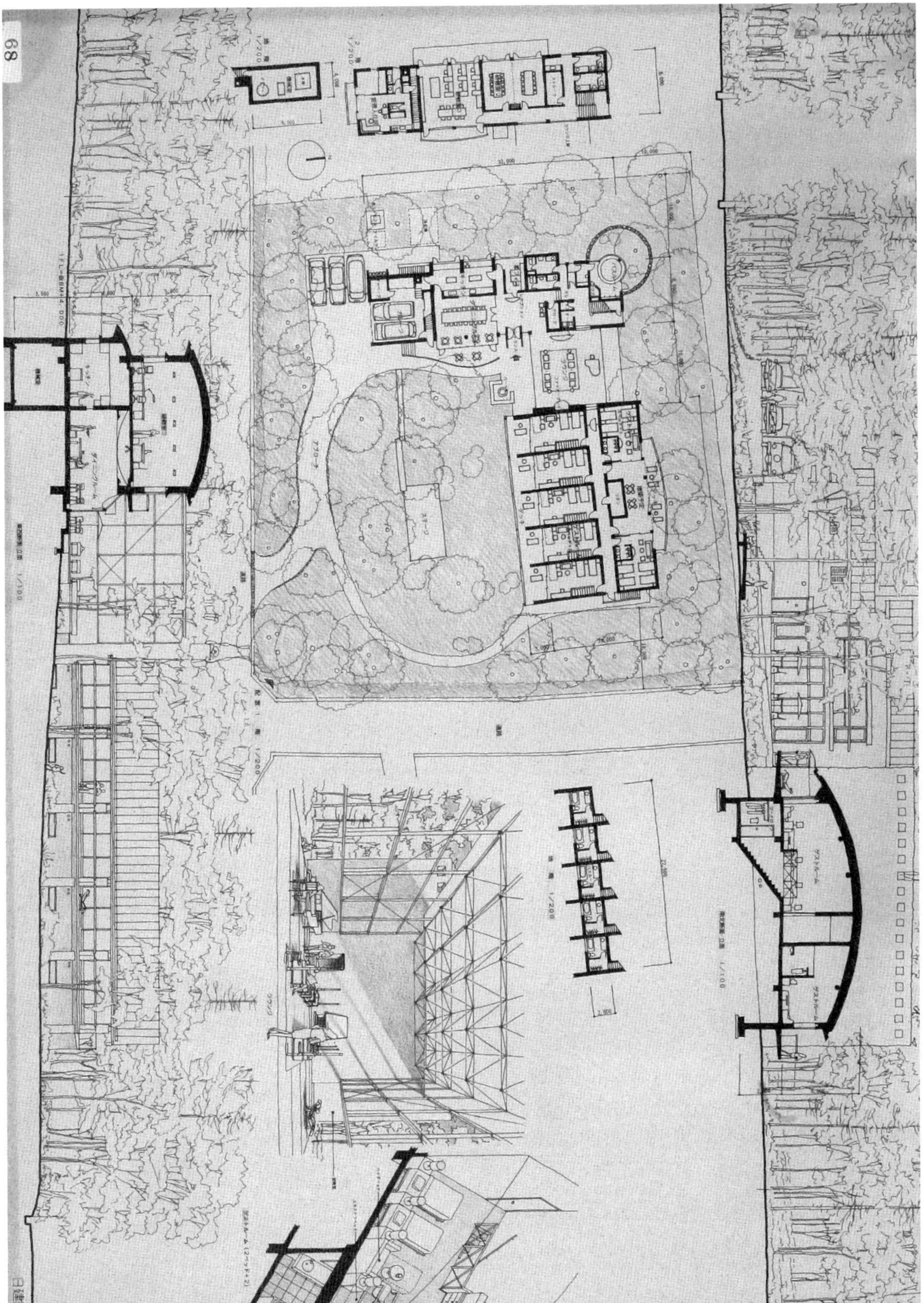

コンペ応募案。A1サイズのコットン系の紙にサインペンだけで描く

3
測って描くゲストルーム

測って描く訓練にはホテルのゲストルームは格好の対象。
時間は自由で、たったひとり。空間の大きさは適正だし、家具もちょうどいい。
帰ってから清書なんてしないこと。その場で描き切る。
客室のタイプはあまり選り好みしない。
どんな客室でも必ず新しい発見がある。
「ふーん」と言っているうちに「へー」となる。
そのうちいろいろな客室に興味が出てくる。

私のホテル実測図第1号。ユナイテッド・ネーションズ・プラザ・ホテル（当時）のアイソメスケッチ

UNITED NATIONS PLAZA HOTEL

#3713

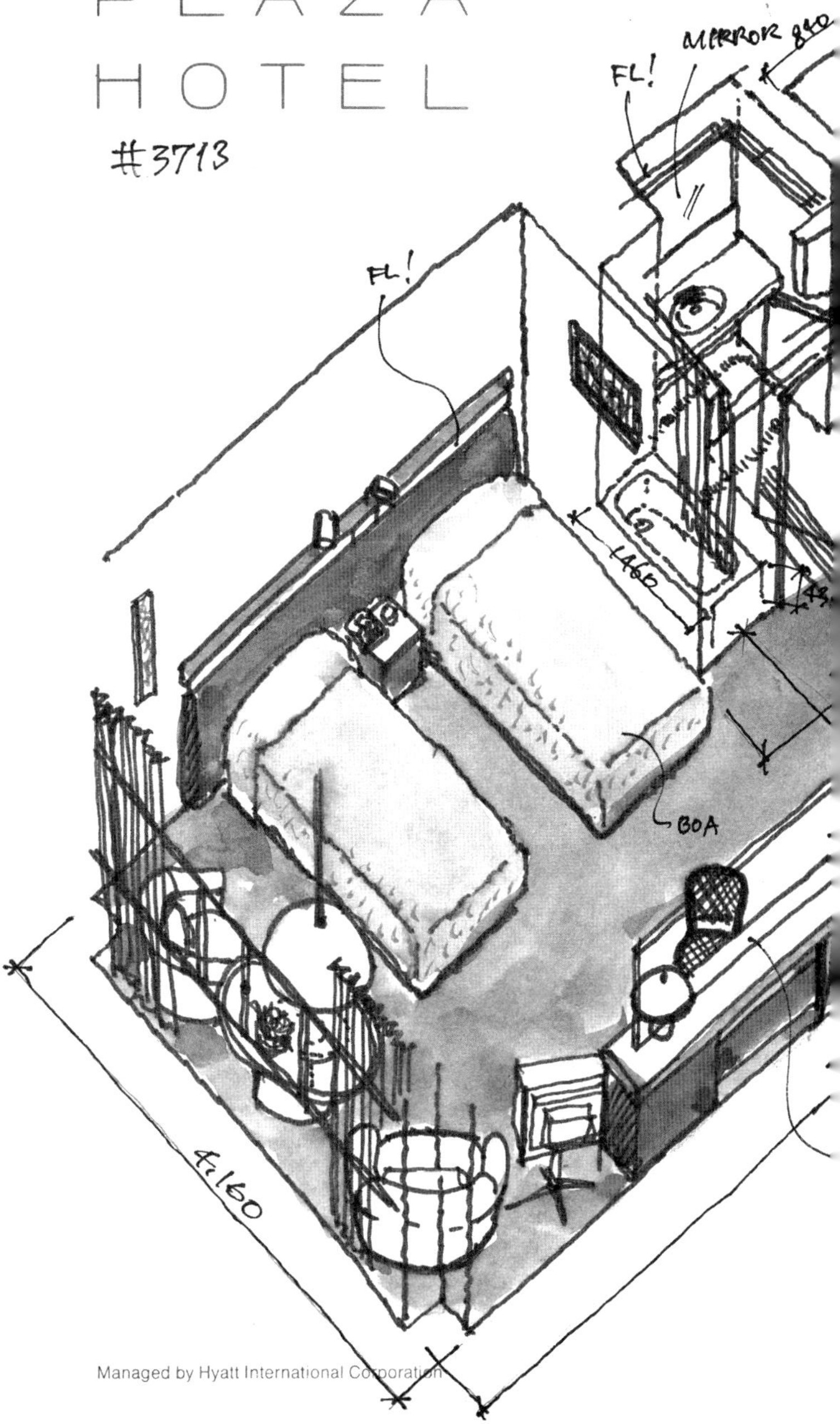

Managed by Hyatt International Corporation

それはニューヨークではじまった

ホテルに泊まるとゲストルームを測ってレターペーパーに描くのが習慣になってしまったが、はじめは先輩の真似をして設計のための資料づくりのつもりだった。ところが初めての海外出張がニューヨークで、ケヴィン・ローチ*設計のユナイテッド・ネーションズ・プラザ・ホテル（現ミレニアム・UNプラザ）に泊まったとき、時差もあって眠れずにディテールや家具などをひと晩中測りまくった。備え付けのレターペーパーにアイソメ*を描き、色もつけると結構見られるものになった。これはおもしろいと、以来ホテルに泊まると必ずそうするようになり、それはだんだん趣味となり、高じて習慣・病気・癖のようになってしまったのだ。カメラも一応使うのだが、帰ってからきちんと整理しないとすぐ忘れる。そのころはリバーサルで撮っていたから後でスライドを探すのも大変だった。汗をかいてゲストルームを測り、スケッチをすると忘れない。絵を見るとその旅のことや料理のこと、その他モロモロのことも思い出す。

スケッチが100室分くらいたまったころ、中原大久保坂口編集室の中原洋さんにお目にかけた。「これはおもしろい！」。それがスケッチと拙文が世に出るきっかけになったのだ*。

後で眺めてみるといろいろなことがわかる。その地域の習慣、文化、ホテルの営業方針…。パンフレットやブローシャなどの資料とともにクリアファイルに保管すると、写真のアルバムよりずっと楽しめる。

＊ケヴィン・ローチ（Kevin Roche 1922–）：アイルランド生まれの建築家。作品にフォード財団ビル、ナイツ・オブ・コロンバスなど。
＊アイソメトリック投影法：対象物を斜め上から見た等角投影法。奥行きも実寸となる。
＊TOTO通信に「旅のバスルーム」として連載。

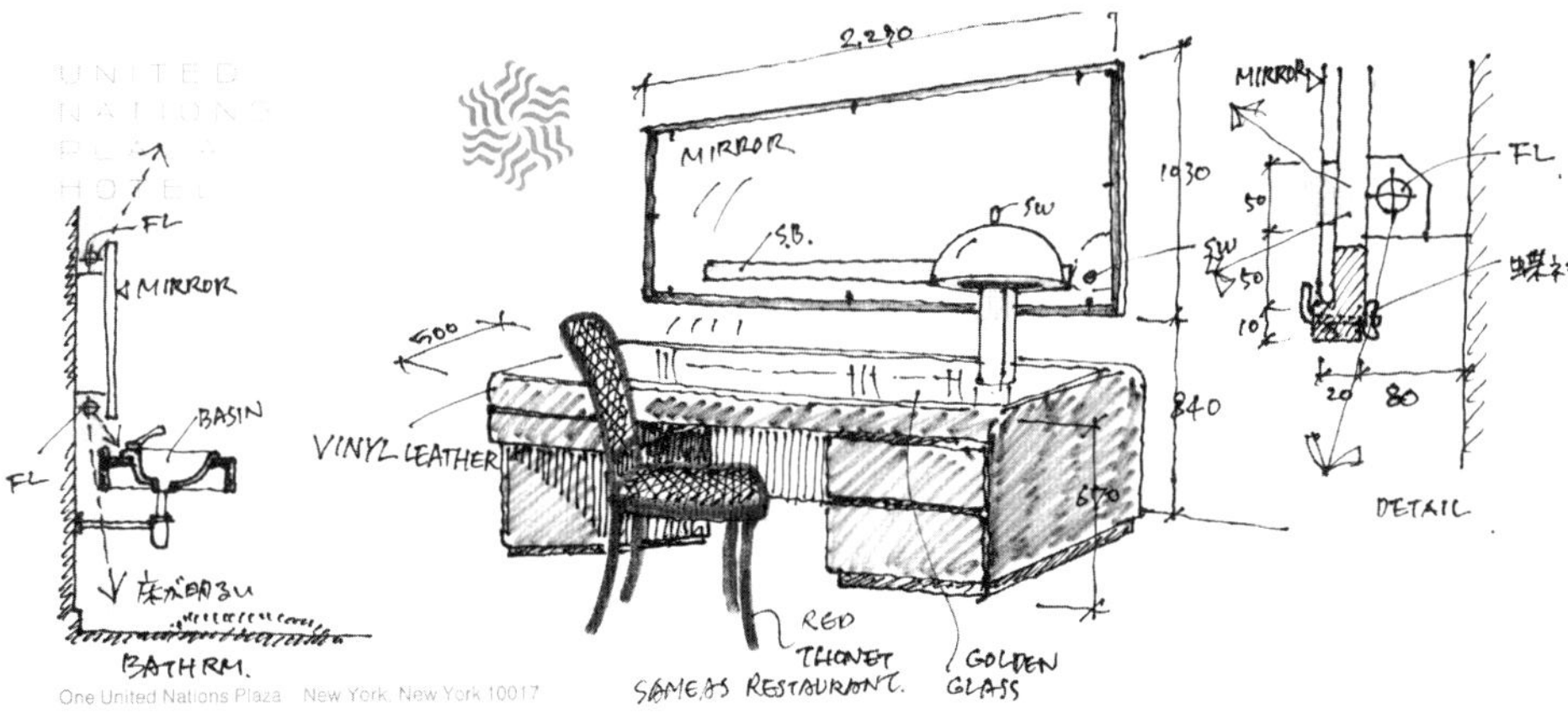

ユナイテッド・ネーションズ・プラザ・ホテルのバスルームとライティングデスクの照明

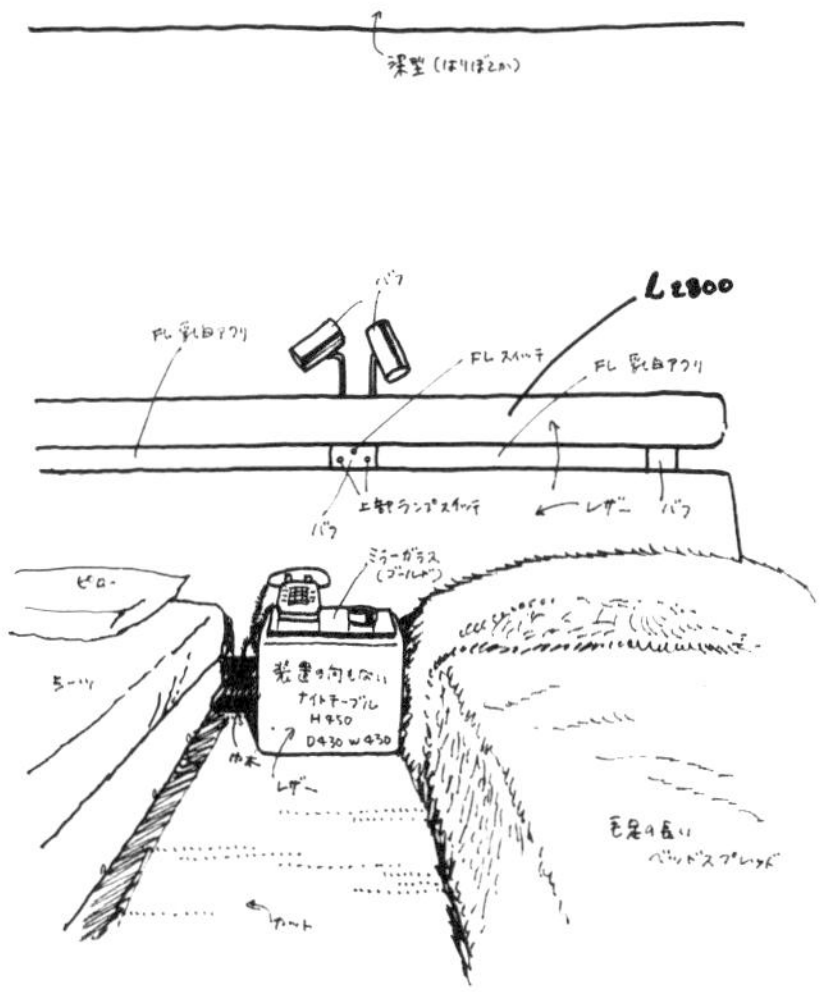

ベッドまわりの照明

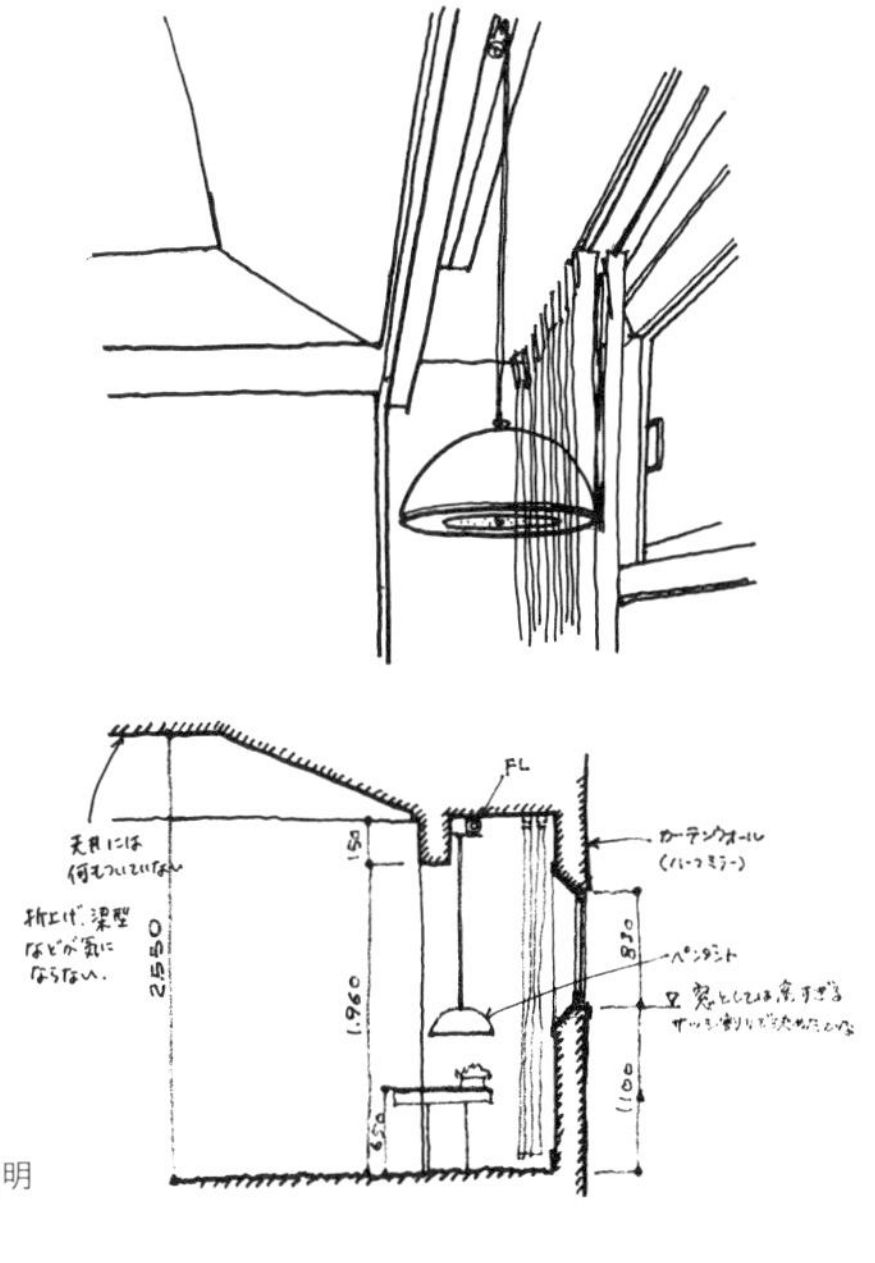

窓まわり断面とペンダント照明

私のゲストルームの測り方、描き方

測って描いたものを人に見せると、「どのくらい時間がかかったんですか？」とよく尋ねられる。着色を含めて約1時間半かなというと「へー」と言われる。多分短いということなのだろう。だけどザッと描くだけなら10分から20分くらい。「描き方を教えて」というリクエストもあり、私はこうしているのだというものを開陳することにしよう。

①まず鍵を開けて部屋に入ると「ふむふむ」と言いながらその辺を歩き回る。このときにおよその特徴をつかむ。「このドアは外開きか」など。部屋が乱れないうちにざっと写真を撮る。後から「あそこはどうなっていたんだっけ」というためだが、ほとんど使わない。

②ベルボーイ君がバゲッジを届け、ルームの説明をし、チップを受け取って出ていくと「さあ、はじまりだ」となる。いつもの道具…コンベックス、レーザー距離計、Bくらいの鉛筆、小さな三角スケール、消しゴム、サインペン、水彩道具一式などをそろえる。水はホテルのコップで。レターペーパーを取り出す。備え付けていない場合は、フロントまでもらいに行く。

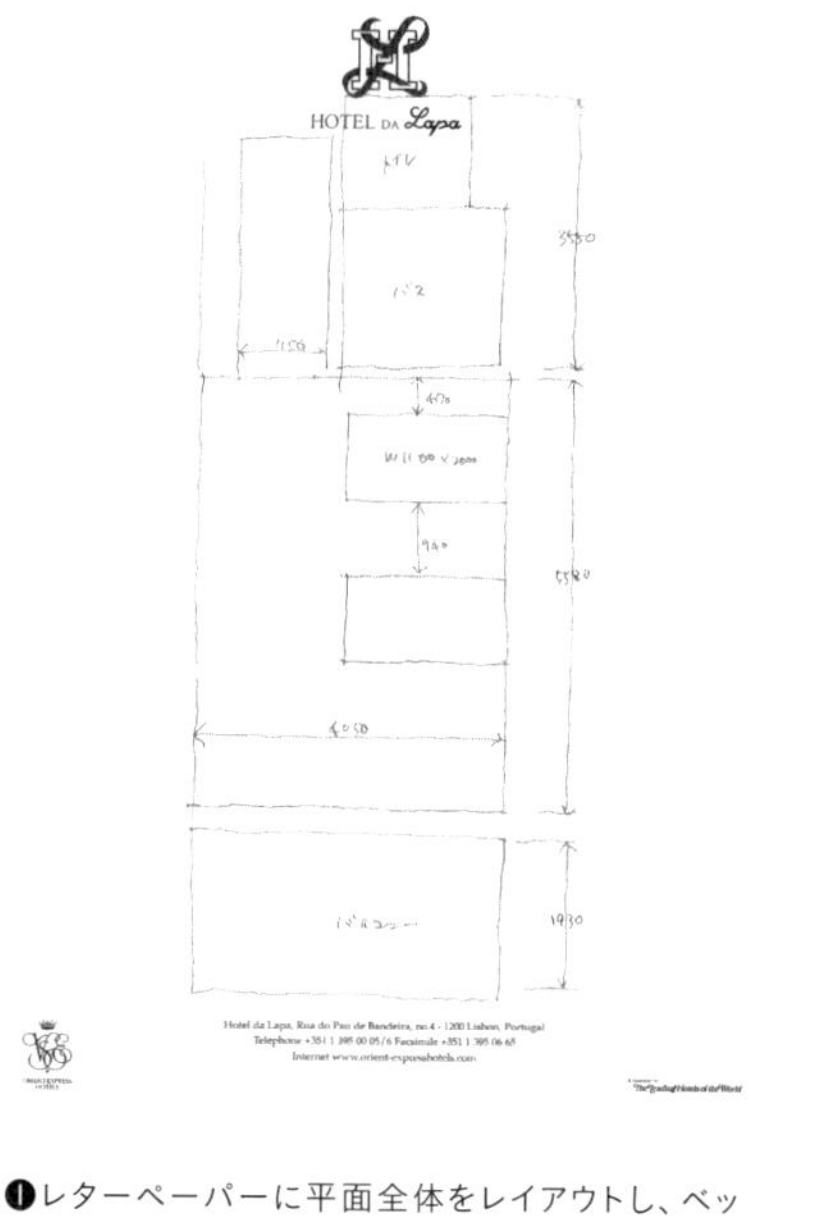

❶レターペーパーに平面全体をレイアウトし、ベッドの位置を描く

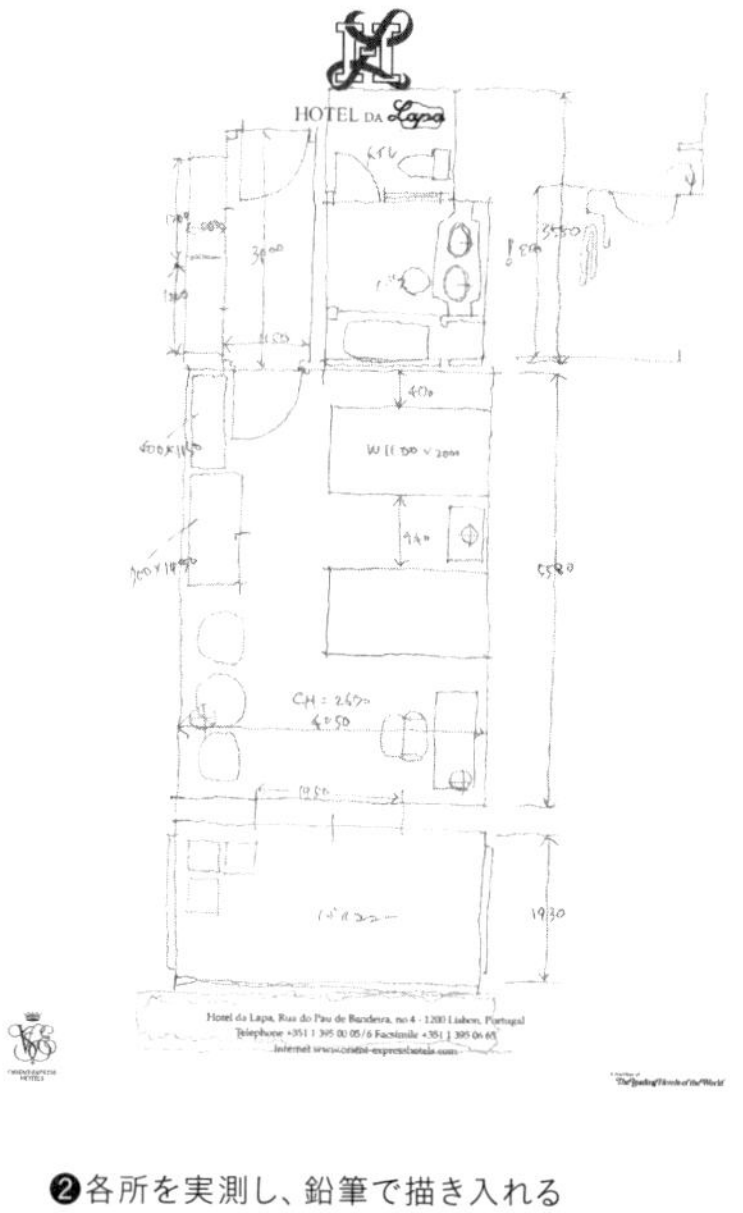

❷各所を実測し、鉛筆で描き入れる

③ベッドルーム平面の縦横を測り、レターペーパーのほぼ中央に、50分の1で鉛筆で薄く描く(❶)。もちろん三角スケールを使って。寸法は忘れないようにメモする。このレイアウトに時間をかけること。

④ベッドサイズを測る。壁からの離れも。ベッドから描くのはベッドの配置が客室ではいちばん大切だと思うから。照明やテレビのセンターラインなどすべてはそこから決まる。

⑤バスルームの内法寸法を測る。部屋同士の隔壁の壁厚はせいぜい120㎜くらいだが、室内の壁は薄い。このときにパイプスペースの大きさや柱型などがわかる。バルコニーがあれば実測。

⑥入口ドアやバスルームのドアなど建具幅もメモする。床にレベル差があるかどうかも。天井高はレーザー距離計が便利。

⑦壁の出入りなどやや細かなところを測って重要な寸法だけ記録する。このころ、「ははーん700モデュールで設計したな」なんてわかる(❷)。

⑧やっと建築の骨格ができたところで細字のサインペンを使いフリーハンドで線をなぞりながら全体を描く。インクはゲルがいい。躯体は太く(❸)。

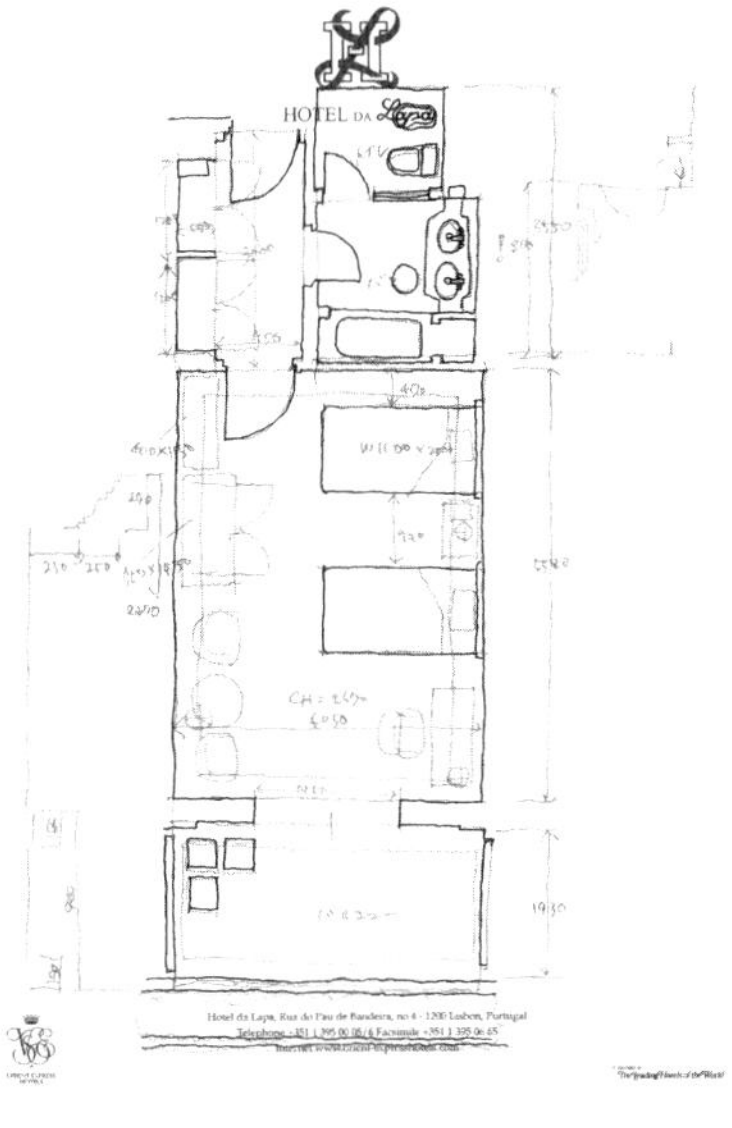

❸下書きをサインペンでなぞる

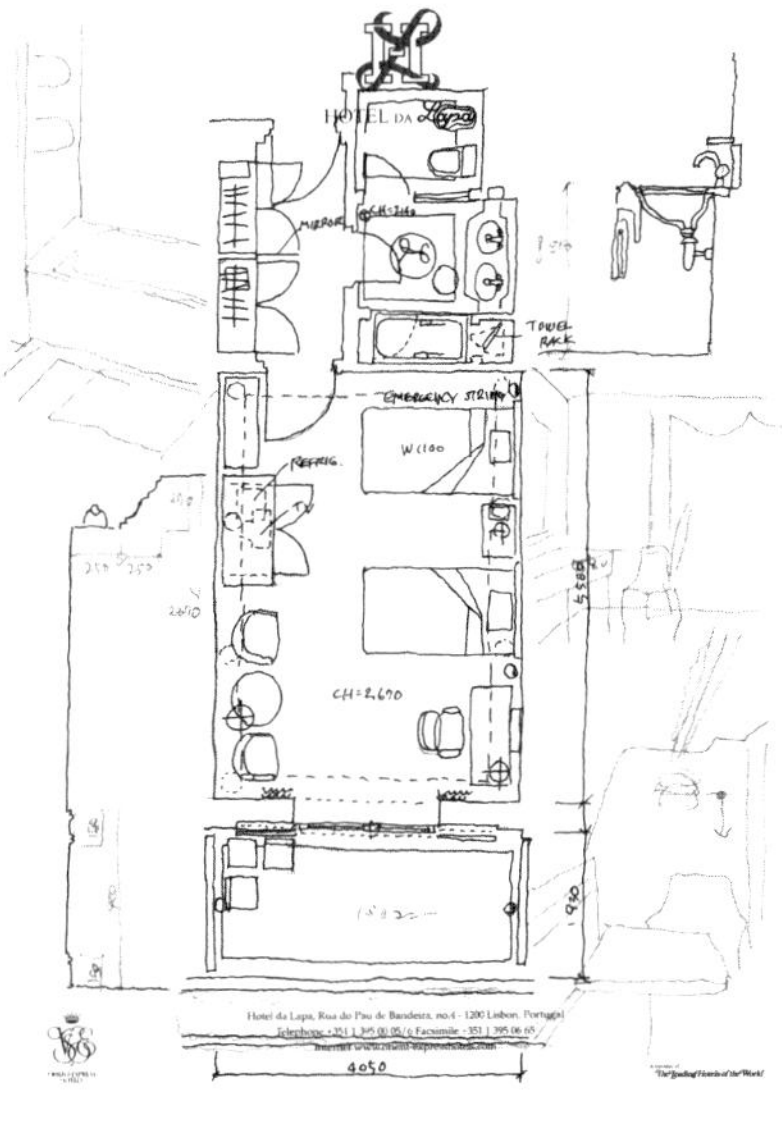

❹家具をサインペンで描き、鉛筆の下書きは消しゴムで消す。まわりに各所のスケッチを描きはじめる

⑨家具やベイスン（洗面器）、便器、バスタブなどを目測し、サインペンで描き入れる。気になった高さなども。

⑩寸法線、寸法補助線を細字のサインペンで描き、寸法を入れる。

⑪ここでやっと消しゴム登場。下書きの鉛筆のラインやメモをすべて消す（❹）。

⑫水彩でベッドルーム、バスルーム、バルコニーの床を着色。カーペットの模様や木目、タイルなどは色鉛筆などでできるだけ描く。

⑬家具や器具には私は色をつけない。影だけつける。左上から光がくるように。ベイスンやバスタブも。こうするとリアリティが出る。

⑭ほぼ、完成。かなり正確なものができる。いろいろ感想を書き込んだり、日付や部屋番号を書いたり。ときには余白にカラースキーム、ディテールや、家具のスケッチ、アメニティ、フルーツなどを描き込む（❺）。

その後断面、天井伏、展開を描いたり、おもしろいとなると錠の仕組みを見たり、家具のスケッチをしてディテールを測ったり、点検口を開けたり。大きな声では言えないが見えないところのカーペットの毛先をいただくこともある。こうなるとほとんどスパイ。ステーショナリー、アメニティ、リネンの数、質、ミニバーの装備、冷蔵庫内のアイテムまで調べる。

広い部屋や、スイートルームなど縮尺を変えて描いても何枚にもわたることもある。扇型とか変形平面などはドアについた避難経路図が便利。これはおすすめできることではないが、照明スタンドを床に下ろしてみたり、アームチェアを動かしてみたりすることがある。「うーん、この照明はちょっと高すぎるな」とか「ソファの向きはやはりこれがいいか」なんて。ただし、必ず元に戻しておくこと。怪しまれる。妻がいるとすでにあきれ果て、買い物に行くか、寝てしまう。

やっと描き終えると思い出したようにメイン・バーに行ってドライ・シェリーをいただく。これはけっして逆にしてはいけない。メロメロになって描けなくなるからだ。

そういえば採寸に夢中になって廊下にうっかり出たらオートロックが閉まり、フロントにガウン姿で駆け込んだこともあった。不審そうなフロントマネージャーの視線の先にはレーザー距離計があって大いに怪しまれた。

別に同好の士を募っているわけではないが、はじめてみませんか？

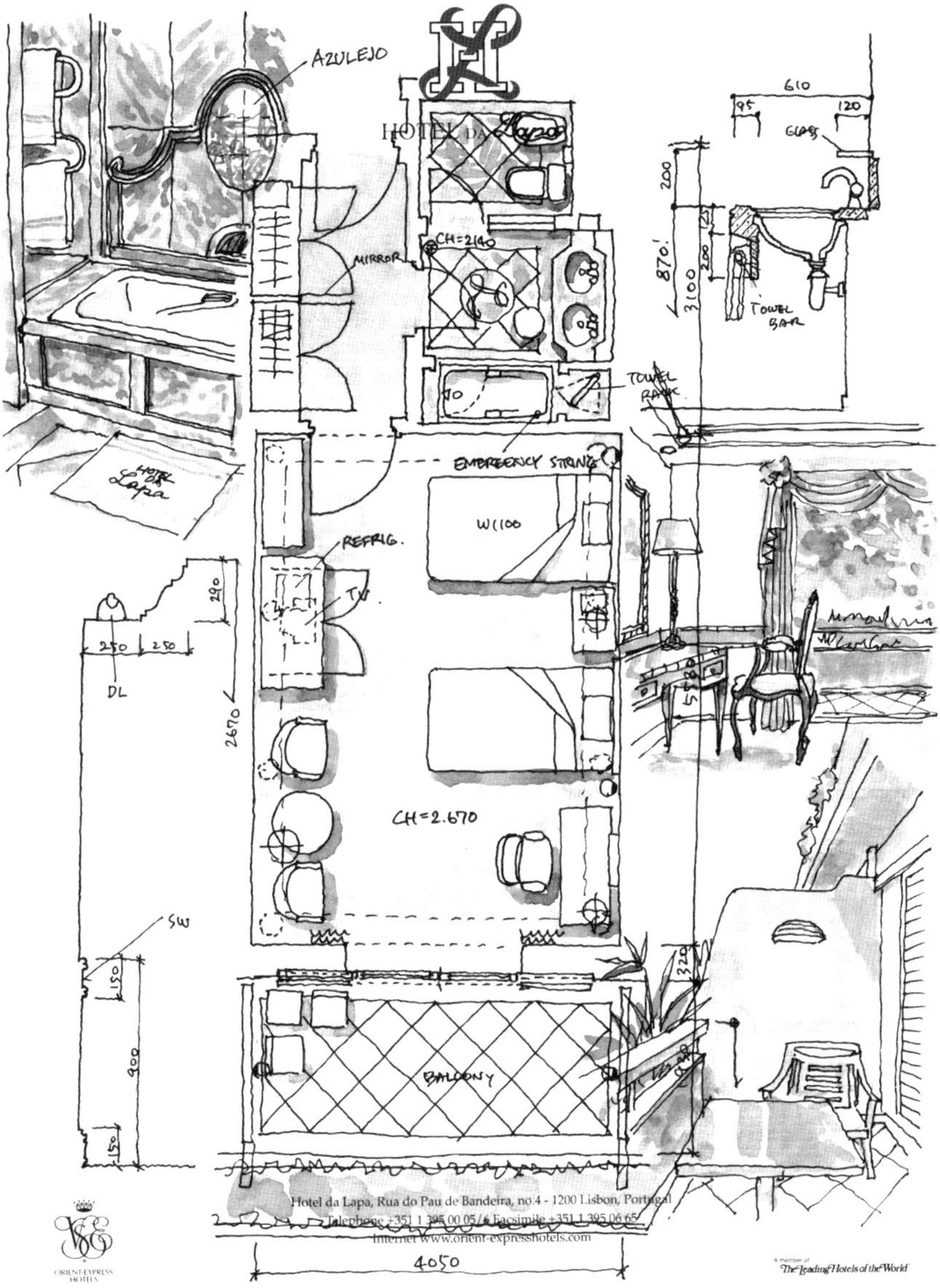

❺着色する。影をつけてほぼ完成

測って描いたゲストルーム

オテル・フーケ・バリエール
モンドリアン
ホテル・テルメ・ヴァルス
パークハイアット・上海
JWマリオットホテル・上海明天広場
オテル・コスト
アマンガッラ
ルヌガンガ
ジェットウィング・ライトハウス
ヘリタンス・カンダラマ
タリンク・シリヤライン　シリヤ・ヨーロッパ号
シュタイゲンベルガー・ホテル・メトロポリタン
オテル・ベラミ
ラマダ・プラザ・バーゼル
ヴィラ・シェルハーゲン
ヴィッリーノ
ホテル・リッツ（バルセロナ、現エル・パラセ）
ビバリーウィルシャー・ビバリーヒルズ・フォーシーズンズ・ホテル
ホテル・ザッハー・ウィーン
フォーシーズンズ・ホテル・ジョルジュ・サンク
ホテル・ダニエリ
ホテル・ケーニッヒ・フォン・ウンガルン
ロカンダ・デル・ピローネ
イル・ソーレ・ディ・ランコ
ホテル・パジーシュ

注：ホテルの名称は2012年8月時点のものである。

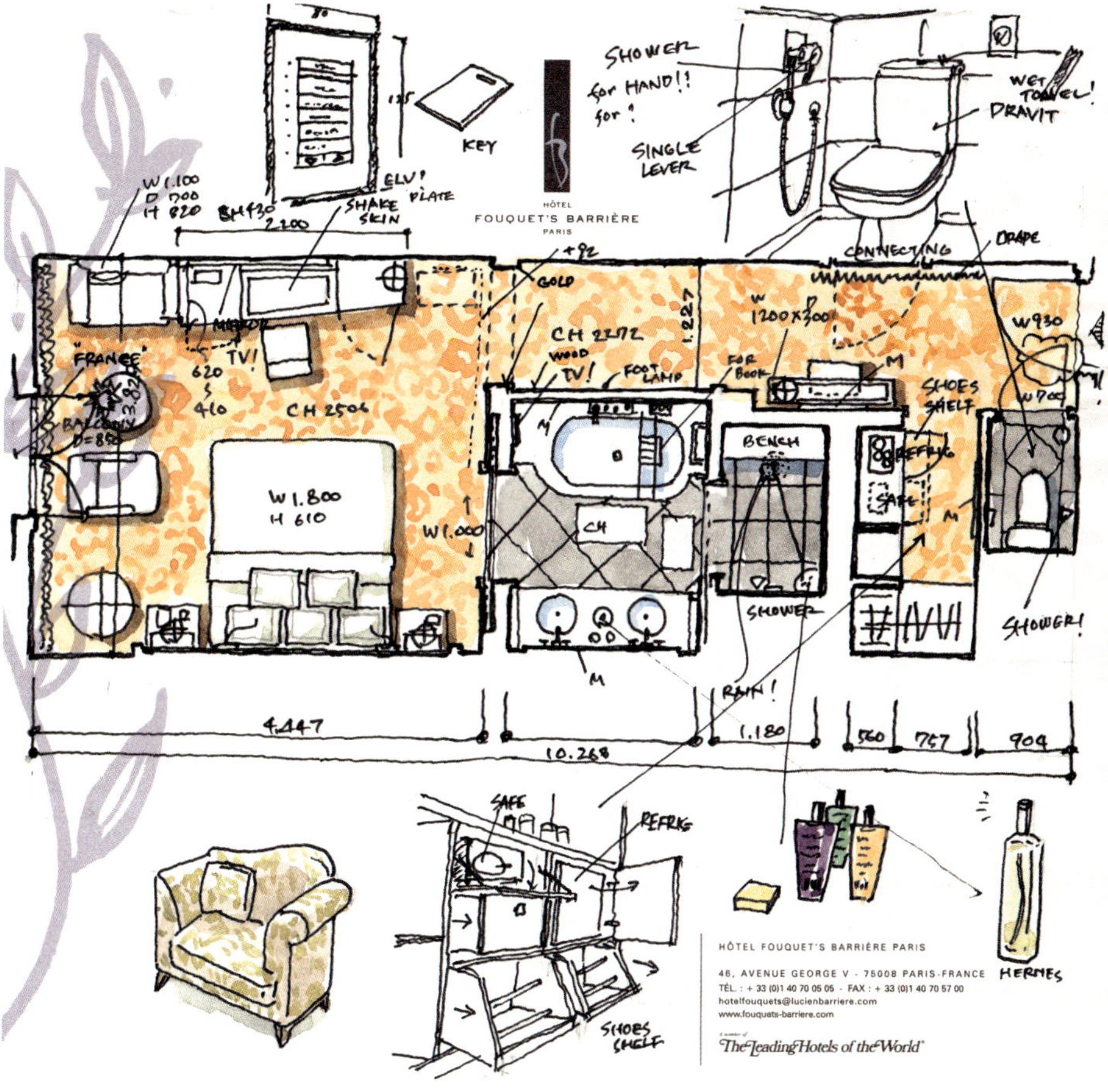

オテル・フーケ・バリエール（フランス／パリ）

Hôtel Fouquet's Barrière

パリのシャンゼリゼでジョルジュ・サンク通りに面している高級ホテル。インテリアデザインはジャック・ガルシア*。この部屋は入ってすぐトイレがあるのだが、アラブのホテルのように手洗い器がなくシャワー！　ワードローブには可動のシューズロッカーがあって自分の靴をずらりと並べられる。

＊ジャック・ガルシア（Jacques Garcia 1947–）：フランスの建築家、インテリアデザイナー。現代的で高級な内装デザインで知られる。

MONDRIAN

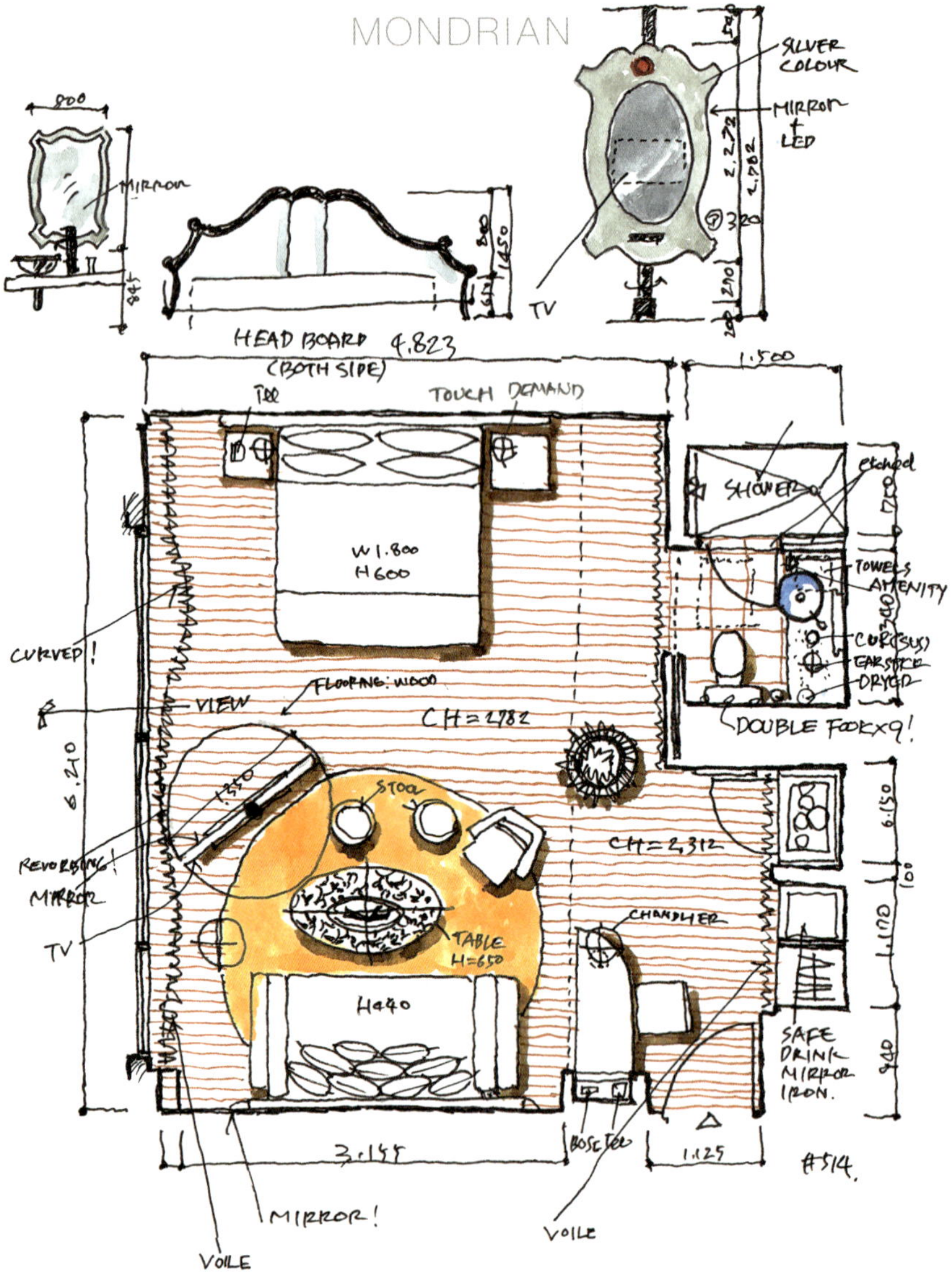

モンドリアン（U.S.A.／ロサンゼルス）

Mondrian

ロサンゼルスのモンドリアンの改装。デザインはオリジナルのフィリップ・スタルクではなく、ベンジャミン・オルリッツ。ベッドのヘッドボードと同じかたちの背をした巨大なソファ。床から天井までの1本脚で回転する大きなオブジェのようなテレビ。ボイル・カーテン*を多用し、レールもうねっているところもある。バスルームはシャワーだけ。

＊ボイル・カーテン（voile curtain）：薄織物のカーテン。

Hotel Therme Vals

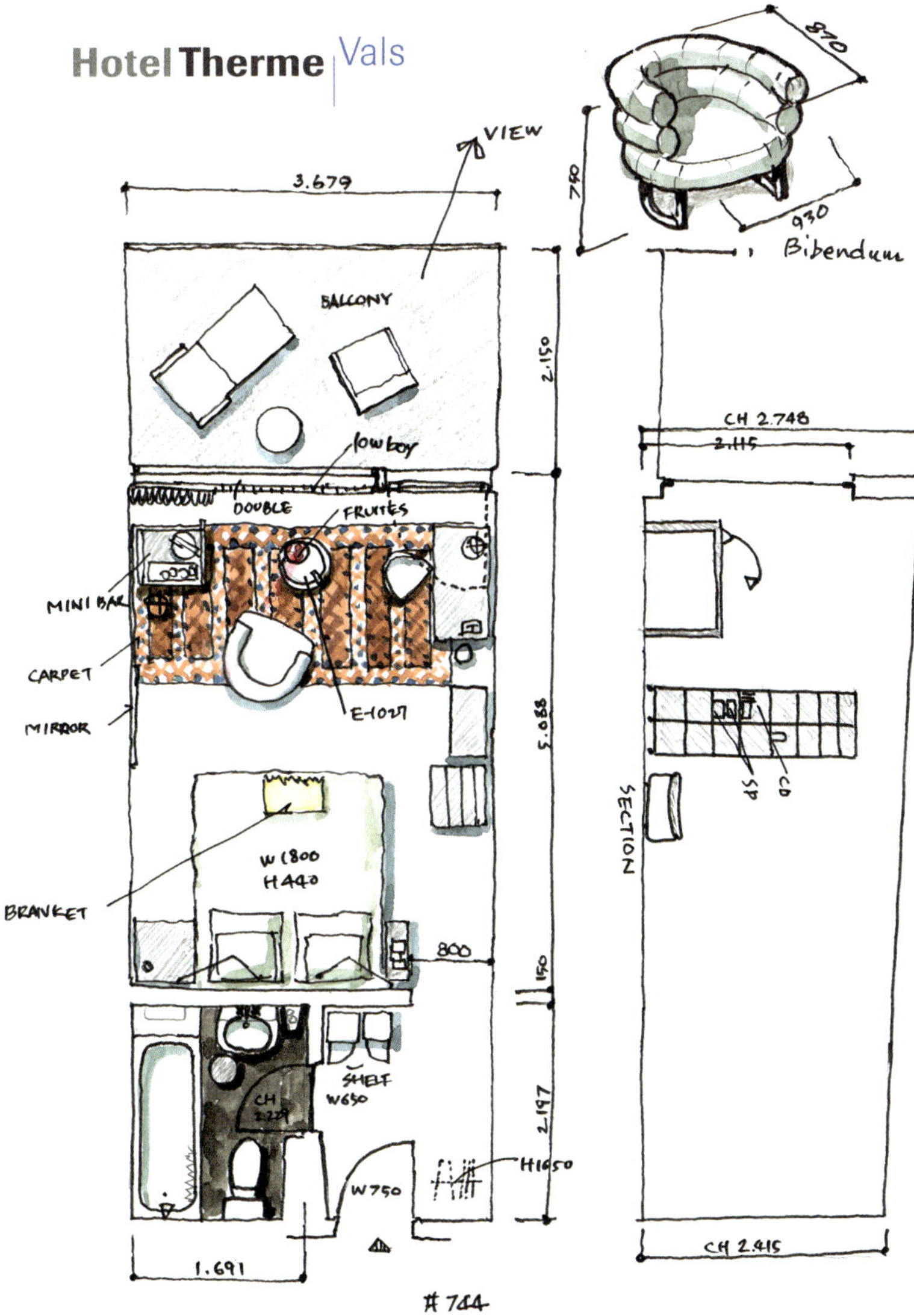

ホテル・テルメ・ヴァルス（スイス／ヴァルス）

Hotel Therme Vals

スイス・ヴァルスのピーター・ズントー設計のテルメに付属したホテル。白と黒だけのシンプルなもの。塗床の上にカーペットが置き敷き。ソファとテーブルはアイリーン・グレイ*のデザイン。

＊アイリーン・グレイ（Eileen Gray 1878－1976）：アイルランド生まれの女性インテリア・家具デザイナー。フランスで活躍した。

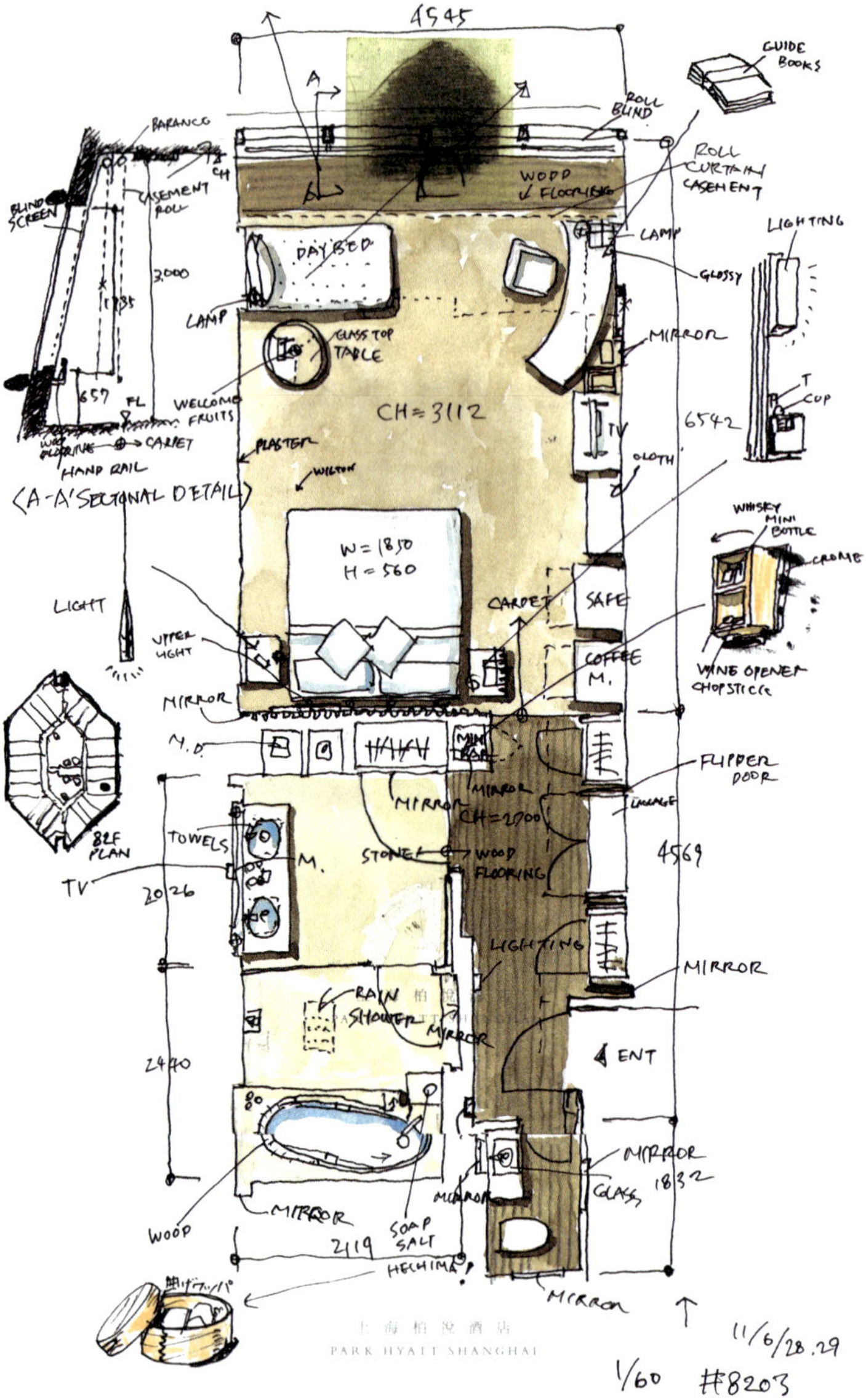

パークハイアット・上海　（中国／上海）

上海柏悦酒店　Park Hyatt Shanghai

上海ワールドファイナンシャルセンターの高級ホテル。トニー・チー*のデザイン。抑えた色彩に強い上質感が漂う。マテリアルは厳選されてわずかしか使っていない。どんなに大きなスイートでも同じ材料と色、ディテール、デザイン。バスルームは洗い場タイプでヘチマが入った「曲げわっぱ」が置いてあり、その杉の香りがほっとさせる。

＊トニー・チー（Tony chi）：台湾で生まれたニューヨーク在住のインテリアデザイナー。

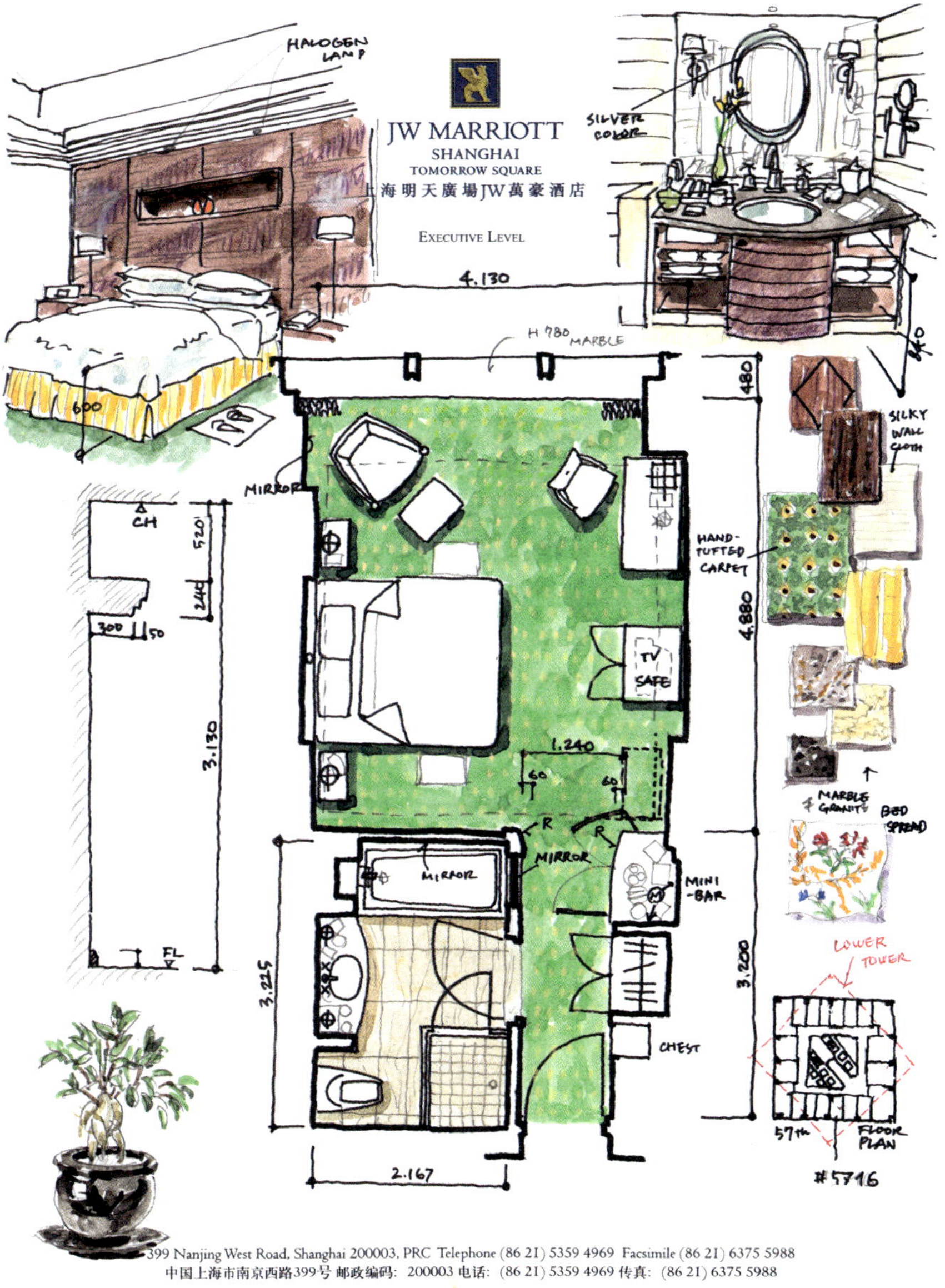

JWマリオットホテル・上海明天広場（中国／上海）

上海明天廣場JW萬豪酒店　JW Marriott Hotel Shanghai at Tomorrow Square

建物のシルエットはロケットのよう。上海の明天広場近くにあってよく目立つ。ジョン・ポートマン事務所の設計。バスルームの石の張り方がたくみ。「眠り目地」や「V目地」を随所に使っている。

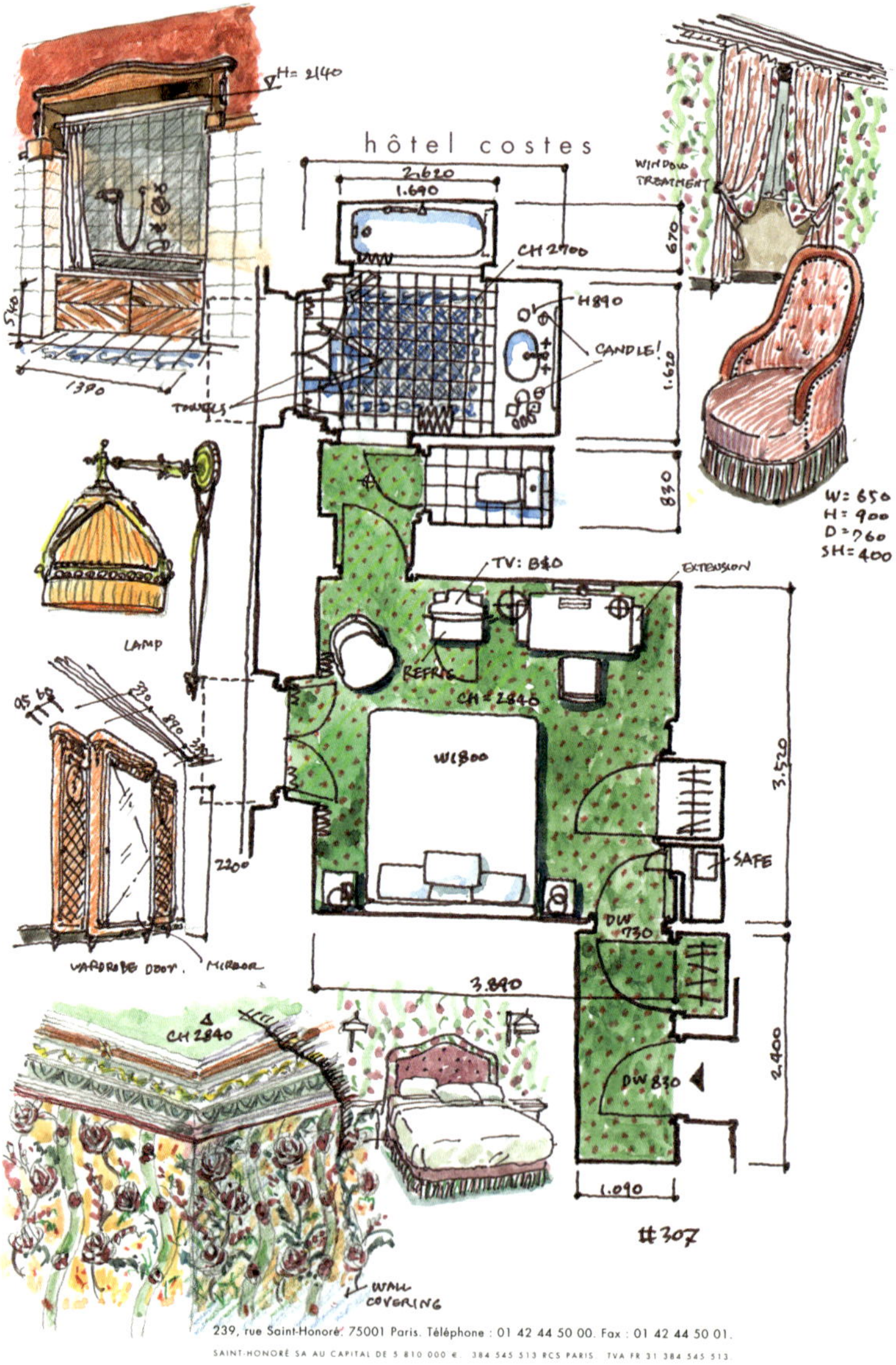

オテル・コスト（フランス／パリ）

Hôtel Costes

パリの一等地にあるのに何やら怪しげな85室のゲストルーム。デザイナーはジャック・ガルシア。エレガントを越えて耽美的。壁に張られた薔薇模様の裂地は緞子《どんす》張り、ヘッドボードやドレーパリーも同じファブリックでコーディネーションされている。高さがある装飾された姿見はクローゼットの隠し扉。前室やトイレのペイント部分も黒ラッカーの建具に赤い壁という世界。

コラム1

安心ホテル

新築したばかりのホテルには概してがっかりさせられる。建築や内装や家具がしっくりこなかったり、サービスは熟練していないからトラブルがあったり。その点、改修したホテルは、さまざまな反省点を克服していることが多い。身体に合わせてしっかり修繕した服のような、手放せないような感触がある。

　小さな古いホテルもいい。大きな新しいホテルでは真似ができない「時間」の技が残っている。しっくりしていて実に美しいなんてこともある。メルヘン的な「夢ホテル」みたいなものは気恥ずかしくなるが…。いわゆるデザインホテルといわれるコンテンポラリーで、ミニマルなものはどうしても「格」のようなものが出てこない。それに真っ白でツルピカなホテルは測って描くところがあまりないのだ。

　つらいことだが、植民地などで占領された国のホテルにすばらしいものが残っている。いわゆるコロニアルである。おそらくサービスの真髄が身に沁みてしまったのだ。王侯貴族のようにふるまえることは、快適さにつながる。逆に大きな声では言えないが共産圏ではこれは難しい。

　ほとんどのゲストルームはモデルルームなどをつくってよく検討しているレギュラータイプがいい。スイート（SUITE：続き部屋。スーツの意味だが発音はSWEETの「甘い」と同じ）のような大きさになるとうまくいっていないことが多い。柱スパンと部屋の広さが整合していないのだ。

　よいホテルのポイントは「安全・清潔・静寂」である。これらがよくできていれば、ほとんどいい。見知らぬ地で、無防備な姿になるのだから安全は当然。清掃が行き届いていることもまた当然で、髪の毛1本落ちていても嫌なものだ。それに廊下の喧騒や、隣室の声なんかが聞こえてきたら、相当ランクが下がる。この3つが合格すると、「安心」というかけがえのない全体の評価にたどり着き、また訪れたいと思わせる。デザインは二の次。

　ホテルはコンサバティブなものだ。ラディカルなものは避けられ、わが家に帰ったような安心感が出るといいとされることもある。

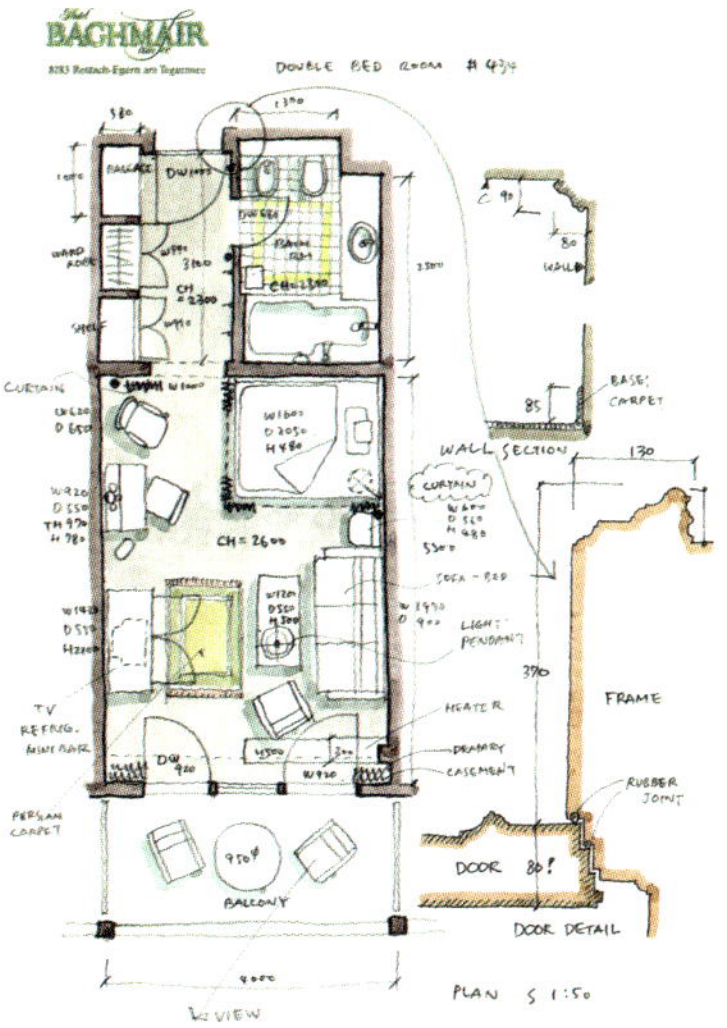

ドイツのホテル。ドア厚80㎜、ベッドは壁に押し付けられ、カーテンをめぐらせている。何から身を守ろうというのか？

アマンガッラ（スリランカ／ゴール）

Amangalla

インド洋に浮かぶ島国スリランカの古い街ゴール。フォート（砦）の中、旧市街のホテルを改装。コロニアル時代の優雅な雰囲気がわかる。客室は細長く、天井は5mもある。バスルームはなく、シャワー室はオープンというカップル向きリゾートホテル。

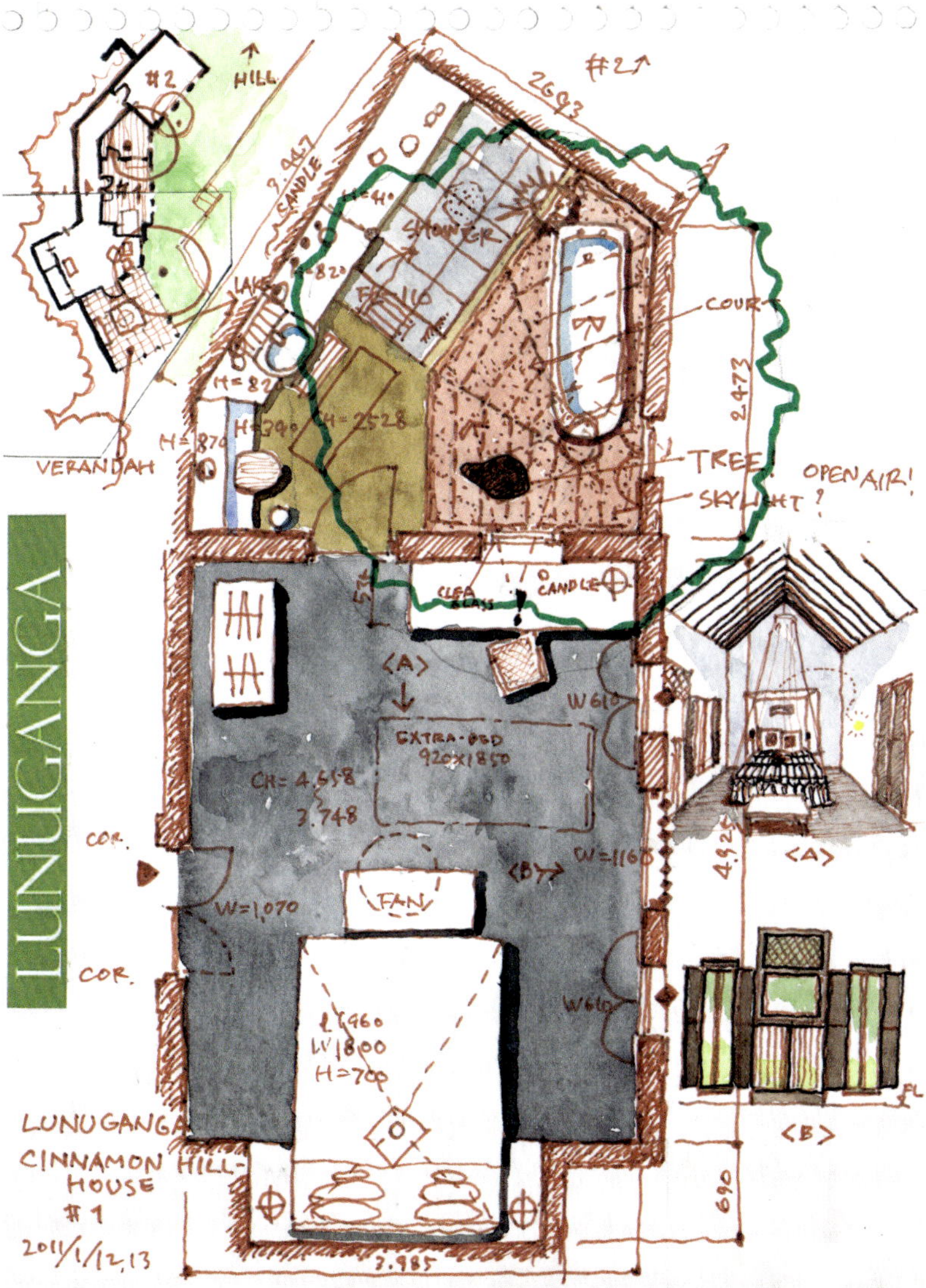

ルヌガンガ（スリランカ／ベントータ）

Lunuganga

ジェフリー・バウ[*]がスリランカのベントータにつくった「楽園」にあるヴィラのひとつ。ガラスなどはなく、雨戸を開けると外気のまま。高い天井、蝋燭の火。なんとバスルームには立ち木が…というより中庭にバスタブが置いてあり、外を見たり、星を見たりで野趣溢れることこのうえない。

＊ジェフリー・バウ（Geoffrey Bawa 1919－2003）：スリランカの建築家。ヨーロッパに留学した後、リゾートホテルを中心に数々の作品を生んだ。

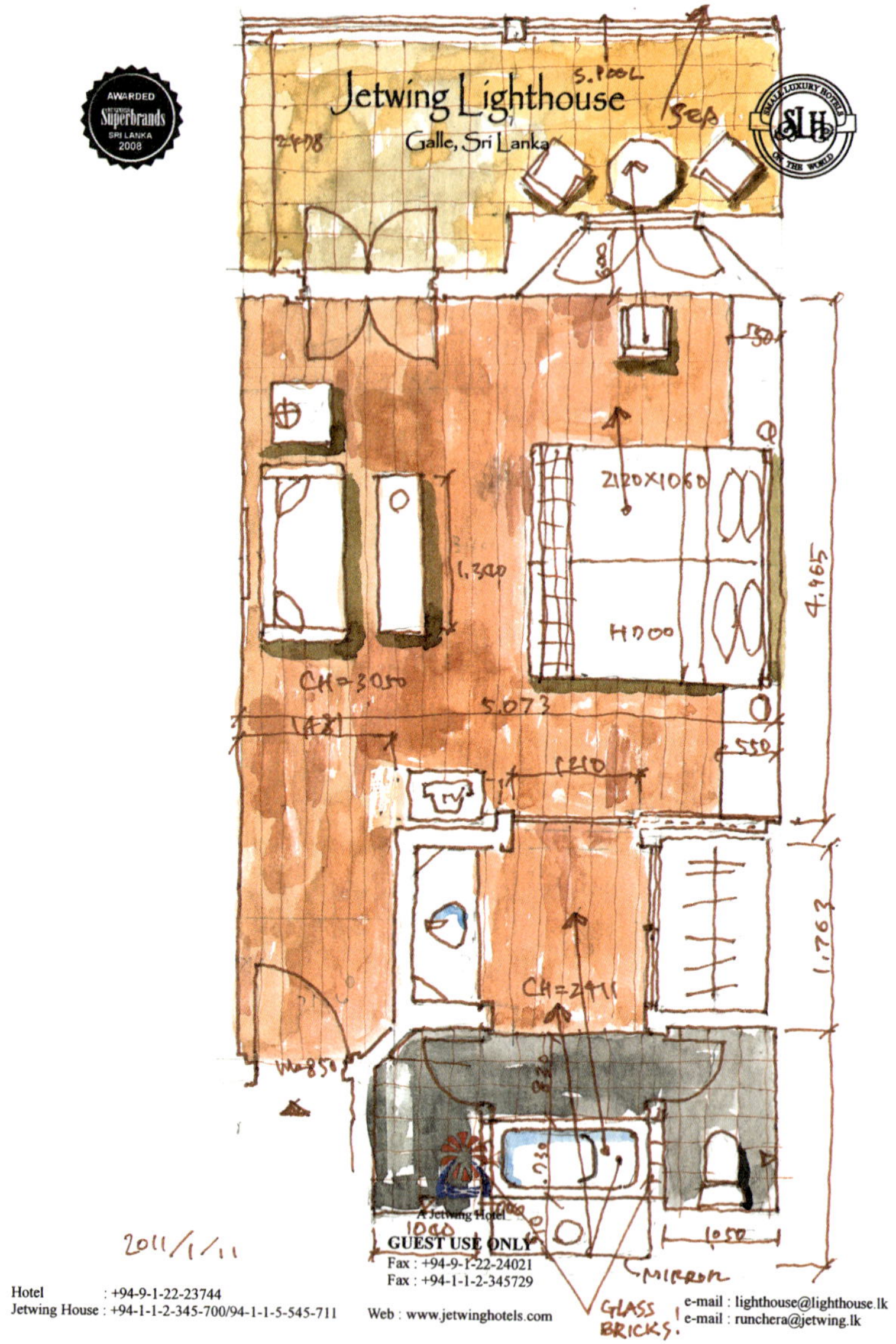

ジェットウィング・ライトハウス（スリランカ／ゴール）

Jetwing Lighthouse

ジェフリー・バワの設計によるインド洋に面するリゾートホテル。ゲストルームは眺望を得るための視軸が明快。バスタブの背面にあるミラー、引き戸を開け放して使えるバス、高さ700㎜のベッド、デスクなどから一直線でピクチュア型の窓、バルコニーを通してインフィニティ型のスイミング・プール*と海が見える。

＊インフィニティ型のスイミング・プール：エッジから水が溢れる形のスイミング・プールで鏡のようになる。ジェフリー・バワが考案したといわれている。

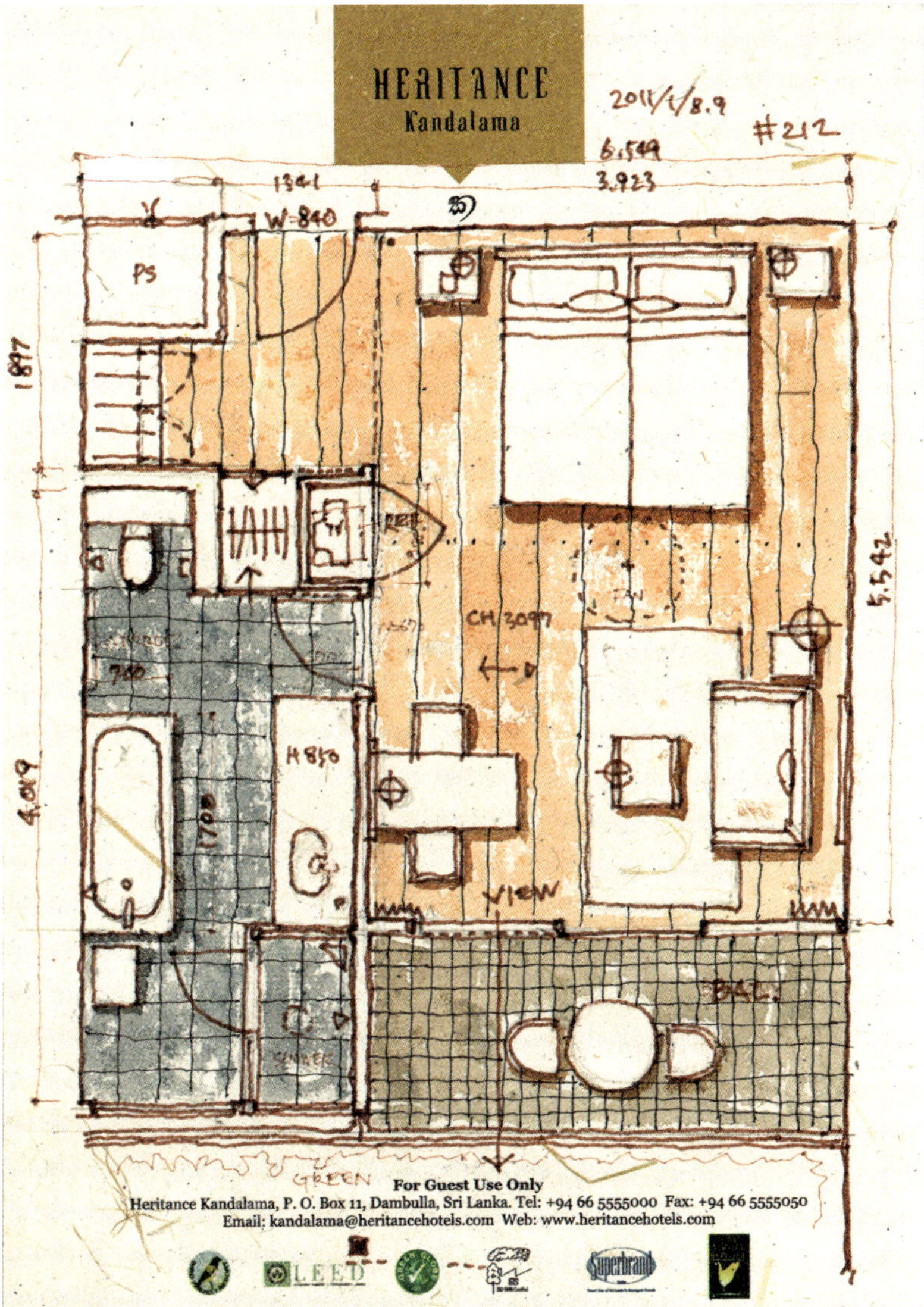

ヘリタンス・カンダラマ（スリランカ／ダンブッラ）

Heritance Kandalama

ジェフリー・バワの設計による山岳リゾートホテル。建物全体が熱帯林というか緑に覆われているのだが、だんだんジャングルに埋もれていき、いつかすべてが飲み込まれて廃虚になっていくという予感がある。シャワーを使っていると密林の中で裸になっているような錯覚に陥る。ホテル長さは972m。

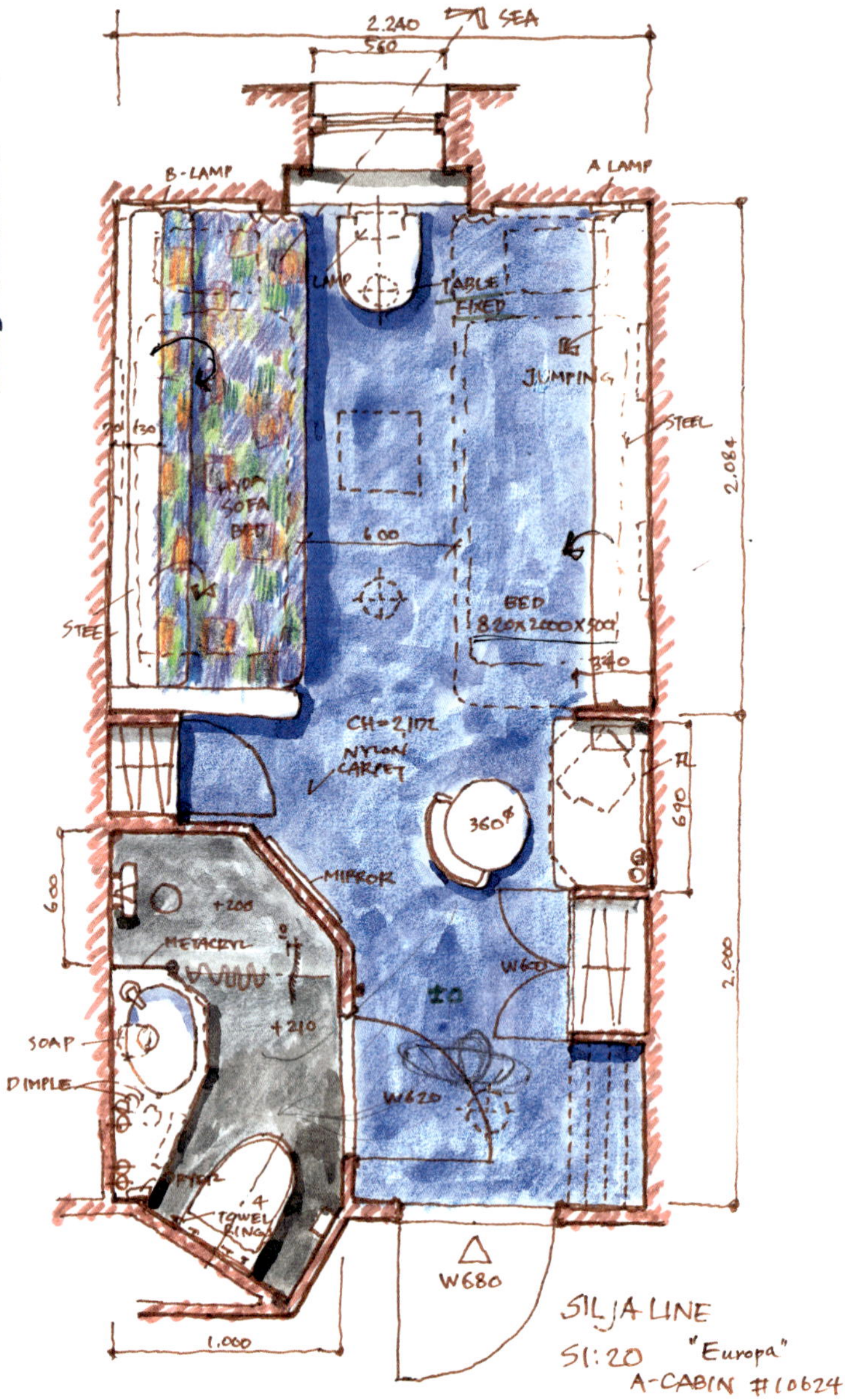

タリンク・シリヤライン　シリヤ・ヨーロッパ号（バルト海）

Tallink Silja Line　Silja Europe

北欧のフィンランドやスウェーデン、デンマーク、エストニアなどの主要都市を結ぶバルト海航路の大型客船のキャビン。固定のテーブルの両側には回転してベッドが出てくるソファベッドと壁付きのジャンピング・ベッド。どちらも820㎜幅だが狭さを感じない。バスルームはシャワーで、床が10㎜ほど下がってなでつけてあるだけなのだが普通に使っても水が溢れない！

コラム2 バスとシャワーに見る多様性

バスルームには民族性や気候風土などがよく表れる。

バスタブでわれわれは肩まで湯に浸かりたいと願うがそれは世界でも少数。イギリス人の友人は日本の風呂を「おぼれそう」と怖がる。西洋のバスタブは浅いがとても長いからそれこそわれわれはおぼれそうになる。暑いところでは中にコシカケ状の段があるハーフバスや、背の部分が斜めになっていて湯は腰までという浴槽もある。

バスタブは基本的に「槽」であり、シャワーは皿状の「パン」である。本来シャワー室で身体を洗い、バスタブは身体を温めるものなのだが、最近シャワーだけでバスタブなしというホテルも増えた。いわゆるビジネスホテルばかりではなく、若年の世代ほど「シャワーだけで充分」という声が多い。天井のレインシャワーだけというものもあるが、これは温度調節が難しいと腰が引ける。

お湯をボウル状の容器に溜め、「かけ湯」をさせる「ターキッシュ・バス」がイスタンブールなどのホテルにある。時間はかかるが、ルームが蒸気で満たされると汗が出てくる。熱い湯の浴槽に入るより身体にいい。

ウォシュレットとかシャワートイレなどという洗浄式トイレはほとんどメイド・イン・ジャパン。アメリカで医療用に開発されたというが、日本国内での一般家庭普及率はいまや70％以上だという。しかし海外ではまだまだ。ましてや入室すると便座の蓋が自動的に上がるタイプは気味悪がる。

タオル・リネン類は多種類でたくさん用意してくれるとありがたい。バスタオル、ハンドタオル、ウォッシュクロス、バスマット、バスローブ…。フロリダのホテルでは1日2回取り替えてくれた。もちろんパイル（綿毛）の打ち込みが密のほうが肌にやさしい。

化粧品や石鹸などのアメニティ類は、そのアイテムだけでたくさんあり、そのホテルのカラーや格をよく表す。イスタンブールのホテルでは、「モスク」のようにアメニティを並べて見せるおもしろい演出をしていて思わず笑ってしまった。

最近、「ビュー・バス」とかいって、外部に面したり、外の景色が見えるバスルームが増えた。バスルームが隔絶された部屋というかたちも少なくなった。次第にバスルームの壁が「溶けて」なくなり、バスを使うことの意味が変わってきている。

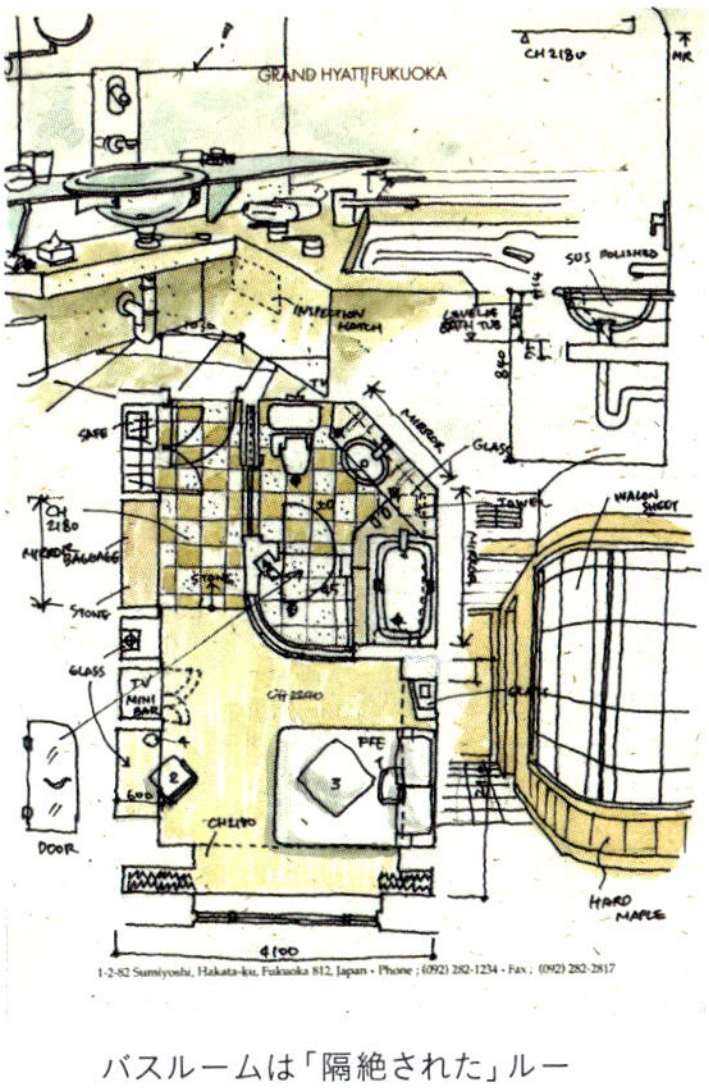

バスルームは「隔絶された」ルームではなくなってきた（グランドハイアット福岡）

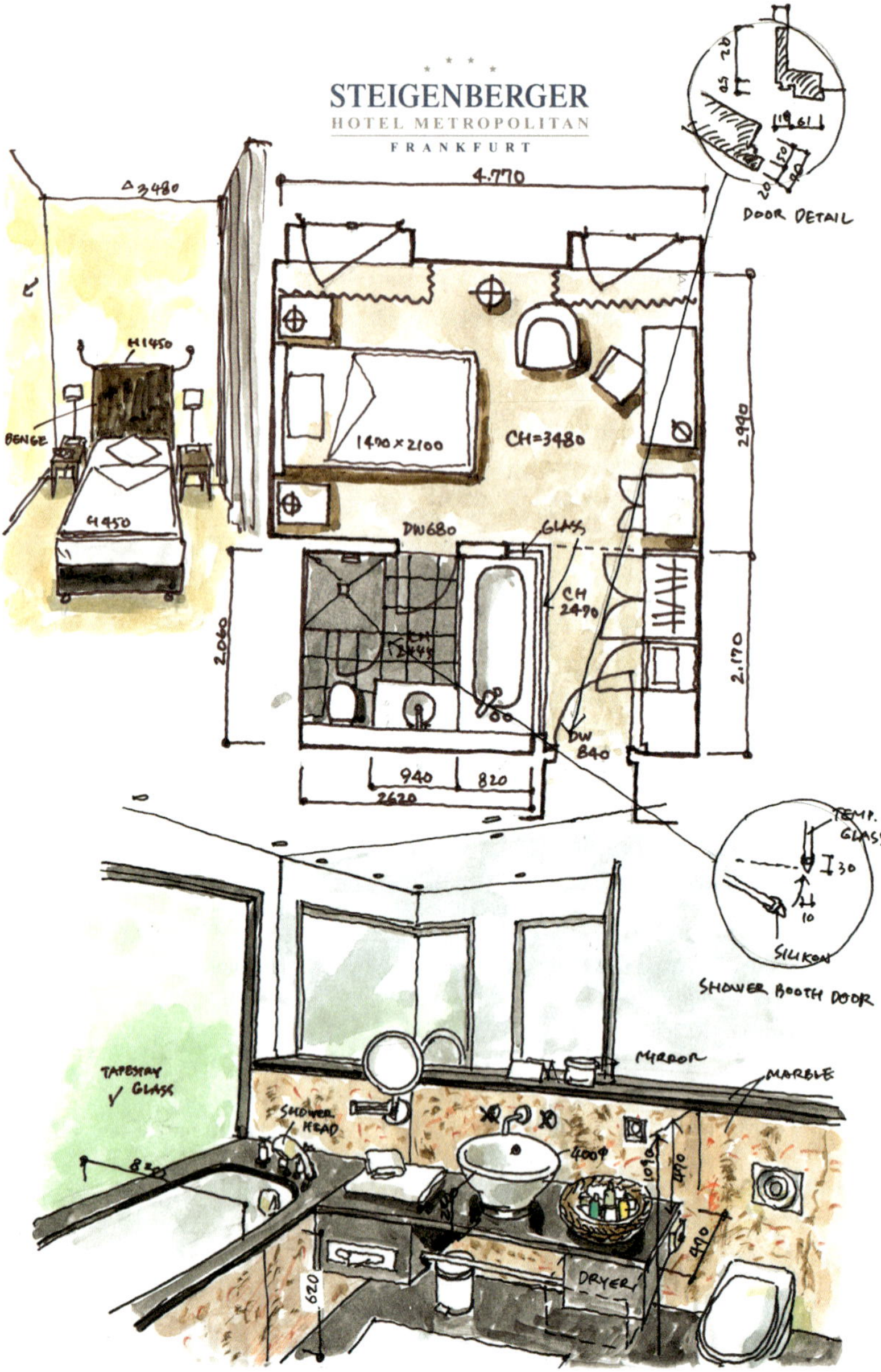

シュタイゲンベルガー・ホテル・メトロポリタン（ドイツ／フランクフルト）

Steigenberger Hotel Metropolitan

フランクフルト中央駅すぐ北側、131室のホテル。外観はちょっとクラシックにつくってあるが、室内はコンテンポラリー・デザイン。この部屋の天井高さは3480㎜。バスルームとの界壁の一部を大きなタペストリーガラスにしていることもあって、狭さを感じさせない。バスタブ高さの620㎜で石のカウンターを回しているのがうまい。

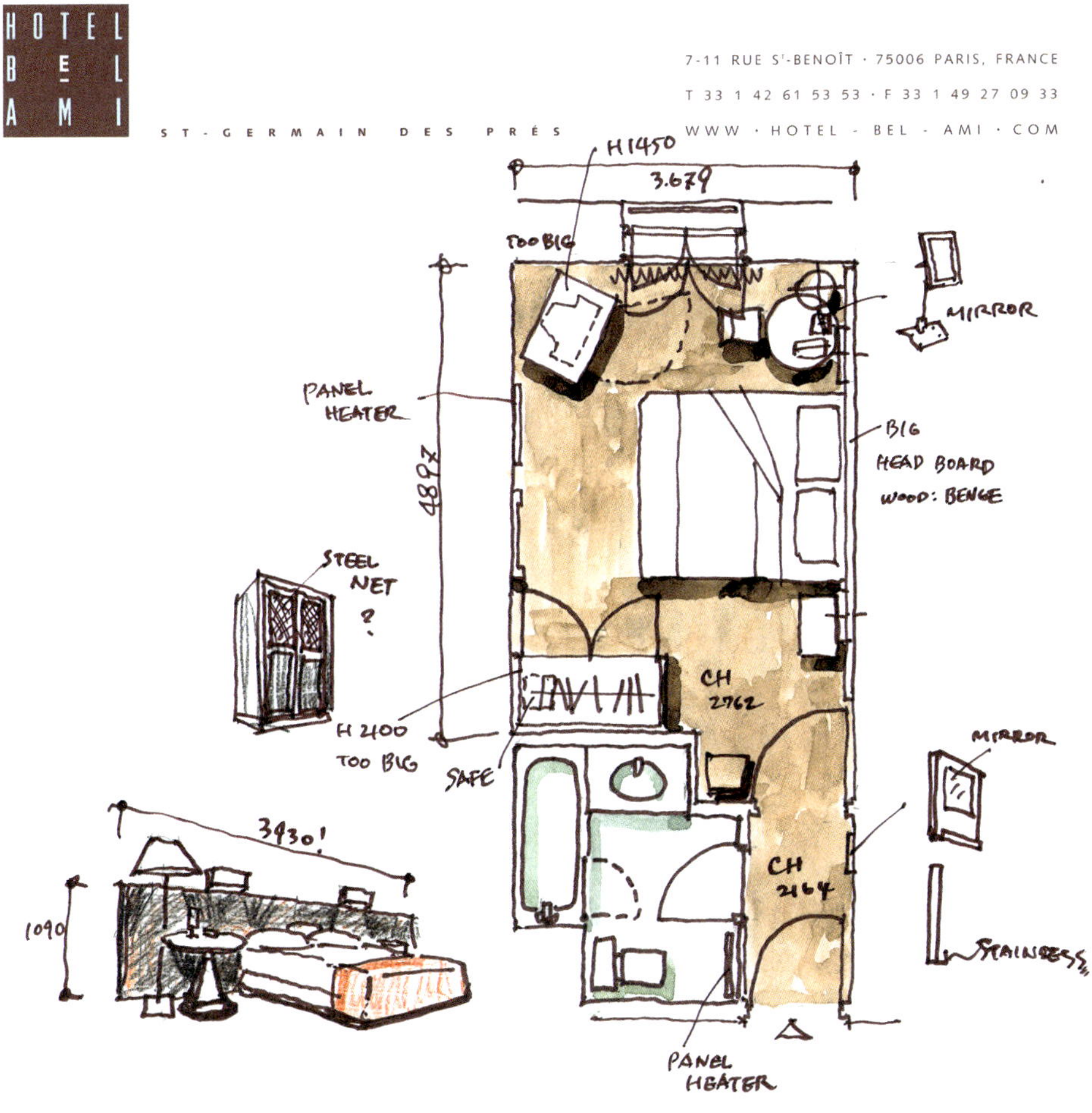

オテル・ベラミ（フランス／パリ）

Hôtel Bel Ami

パリには小さなホテルが掃いて捨てるほどあるのだが、数日間逗留するにはサン・ジェルマン・デ・プレ近くのここはこざっぱりしていて値もリーズナブル。ナチュラルカラーを多用していてセンスもいい。

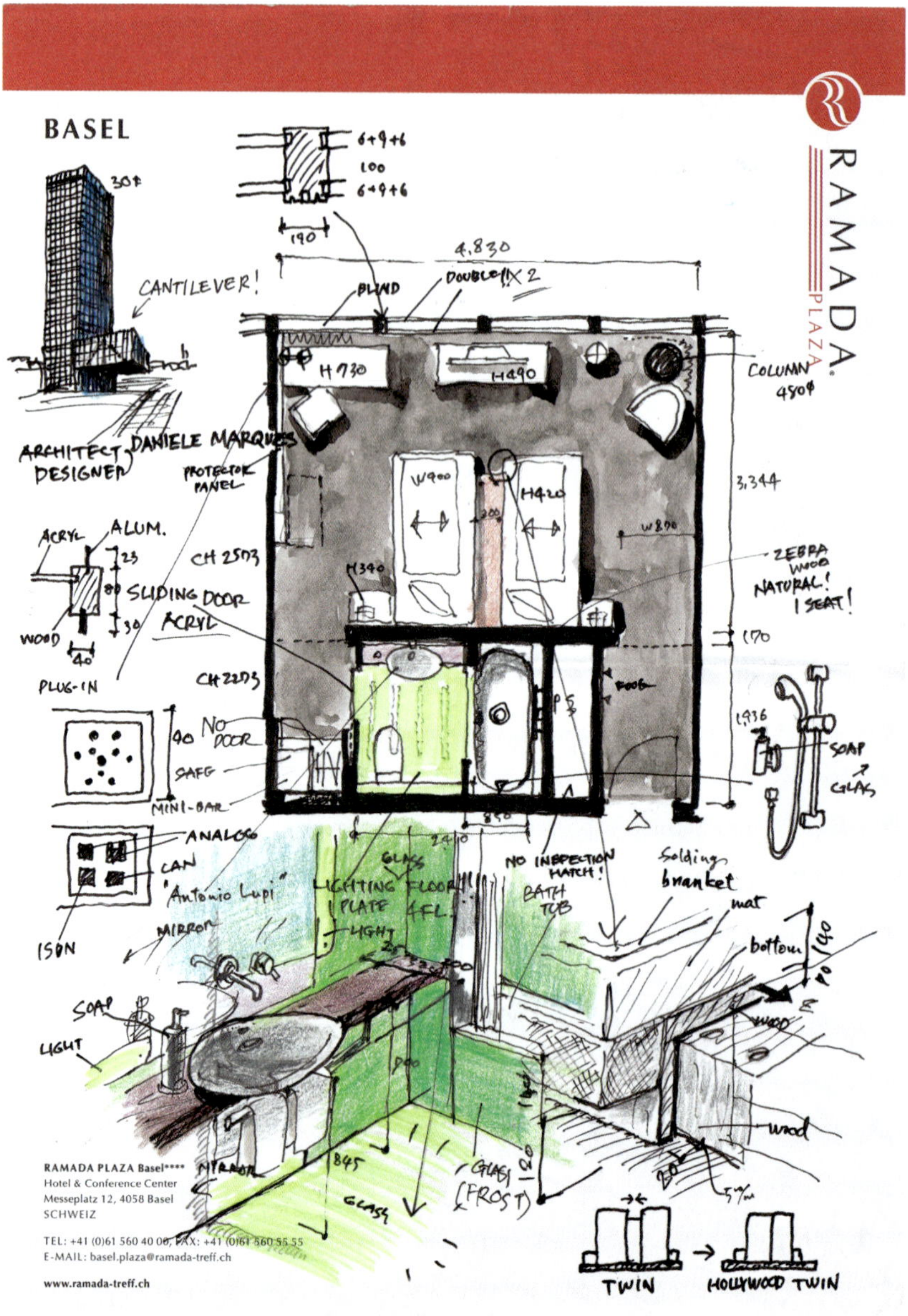

ラマダ・プラザ・バーゼル（スイス／バーゼル）

RAMADA PLAZA Basel Hotel & Conference Center

スイスの、ドイツ、フランス国境にきわめて近い国際都市、バーゼル。そのコンベンション・ホテル。感心したのは1枚ガラスのバスルームの光床！　便器の腰壁とカウンター以外はほとんどガラスかミラーで照明は内照式。こうすると清潔で清掃も便利。淡いグリーンのフロストガラスが発光しているようで美しい。

VILLA
KÄLLHAGEN

HOTEL & RESTAURANTS

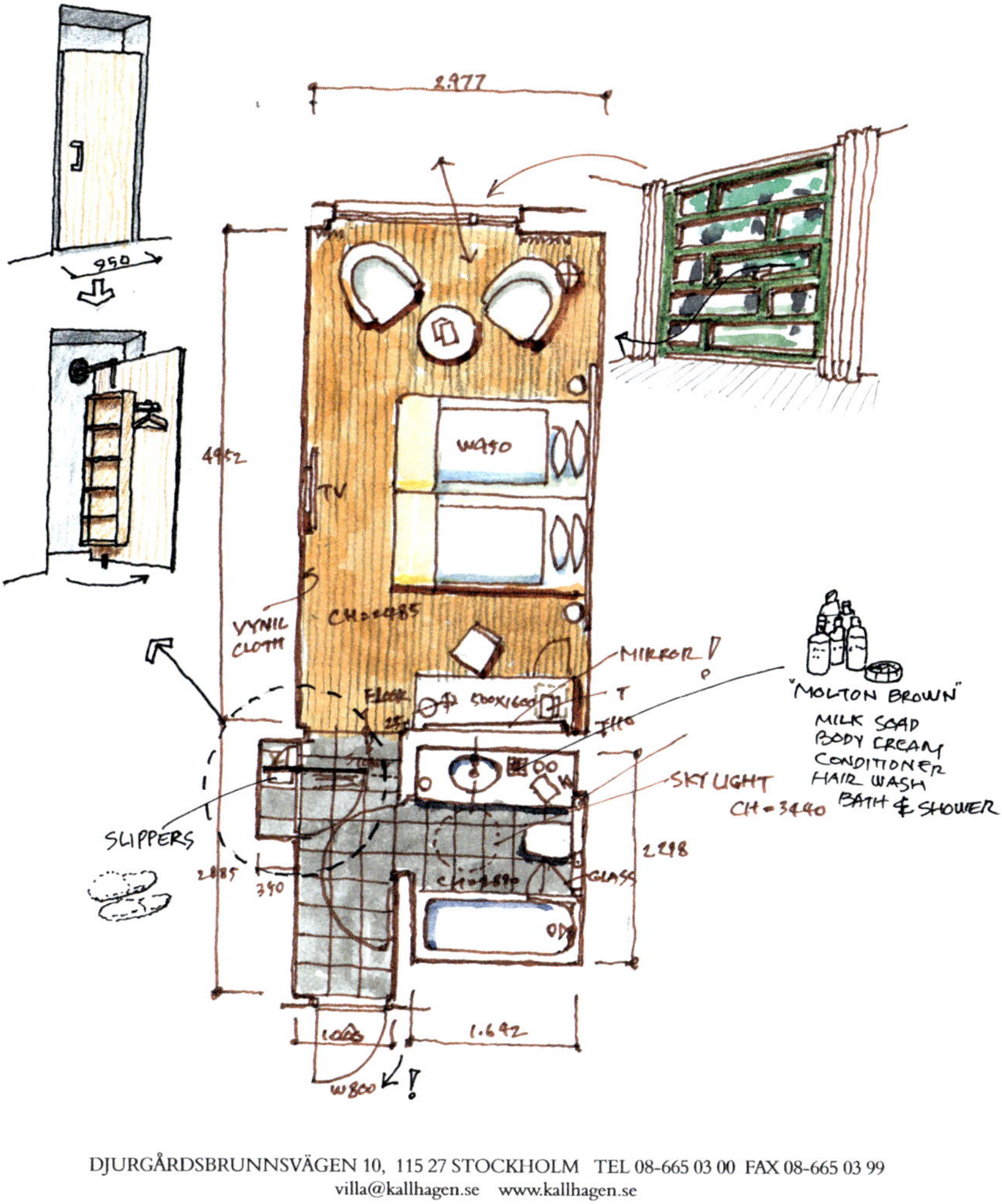

DJURGÅRDSBRUNNSVÄGEN 10, 115 27 STOCKHOLM TEL 08-665 03 00 FAX 08-665 03 99
villa@kallhagen.se www.kallhagen.se

ヴィラ・シェルハーゲン（スウェーデン／ストックホルム）

Villa Källhagen

オーベルジュのようなスウェーデン・ストックホルムのヴィラ。開口部いっぱいの緑陰が室内を染め、サッシュの一部が突き出し窓で、それを開けると水面や樹間をわたる風がゆったりと入ってきて心地よい。ワードローブのドアは、壁から持ち出した軸吊金物に支えられているなど、おもしろい仕掛けをしている。

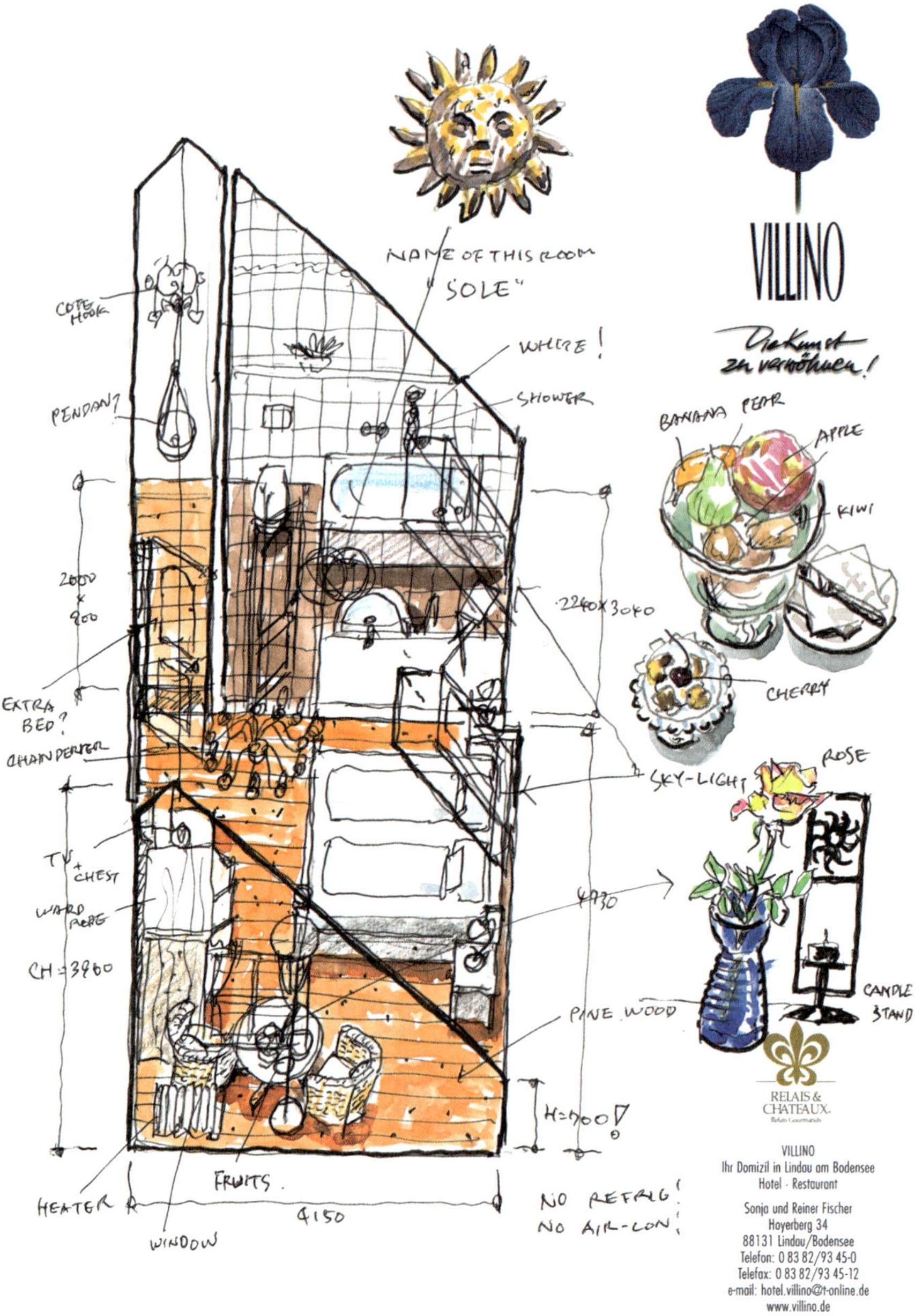

ヴィッリーノ（ドイツ／ボーデン湖、リンダウ）

VILLINO

ボーデン湖、コンスタンツェ近く、1湖に3国（ドイツ、スイス、オーストリア）が出合う贅沢なリゾートの小さなヴィラ。これは太陽という名の屋根裏の最小室。高さ700〜3960㎜という屋根勾配表しの天井。もちろん頭がぶつかるところもある。スカイライトによって、昼は明るく、夜は天窓を全部開いて満天の星を見ながらバスを使う。

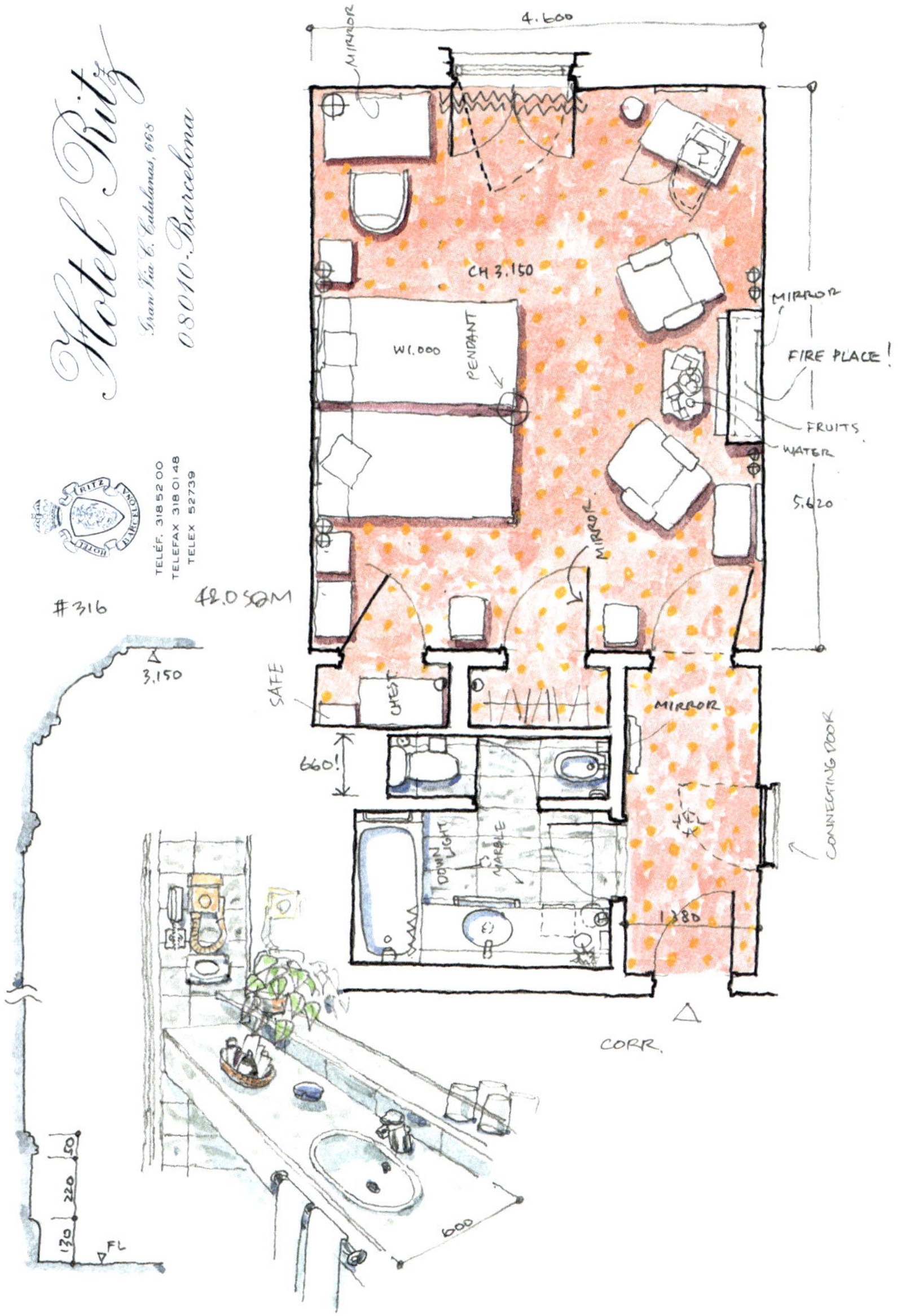

ホテル・リッツ（現エル・パラセ）（スペイン／バルセロナ）

Hotel Ritz (El Palace)

バルセロナのゴシック地区にも近い中心部のファイブスターホテル。白い7階建て。クラシックで立派で当時から夢ホテルには違いない。それにしてもこの部屋、トイレまわりの寸法はどうしてこんなに小さいのだろうか。

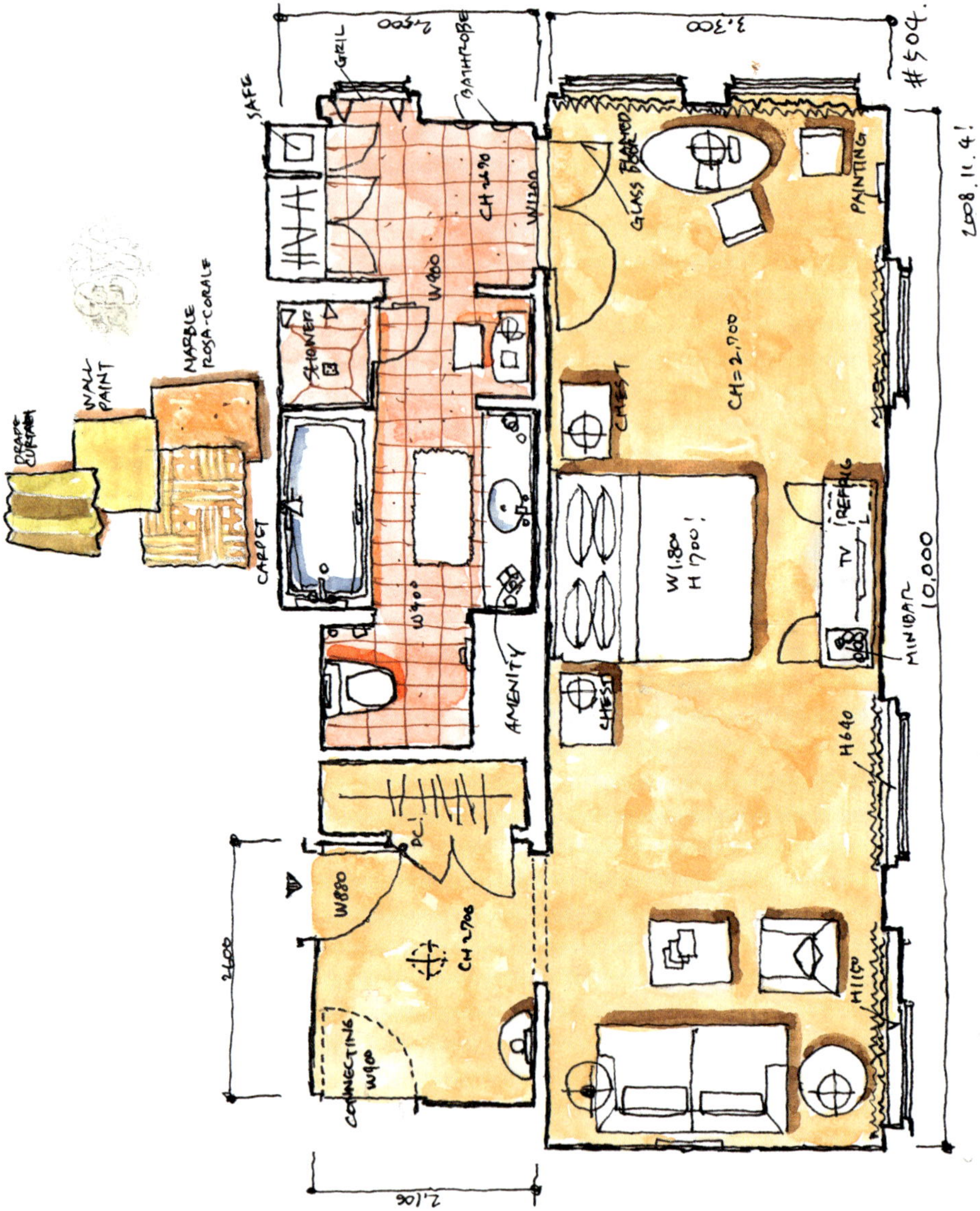

ビバリーウィルシャー・ビバリーヒルズ・フォーシーズンズ・ホテル（U.S.A.／ロサンゼルス）

Beverly Wilshire in Beverly Hills, A Four Seasons Hotel

映画「プリティ・ウーマン」の舞台になったホテル。この部屋は大変広い。前室、パーラー、ベッドゾーン、デスク、ワードローブ、パウダーとシャワーブース、バスタブとベイスン、トイレという順に一筆書きのように並んでいるが、ループ動線ではないのでトイレが恐ろしく遠い。ベッドは高さ700㎜もあり、落ちると怪我をしそうだ。

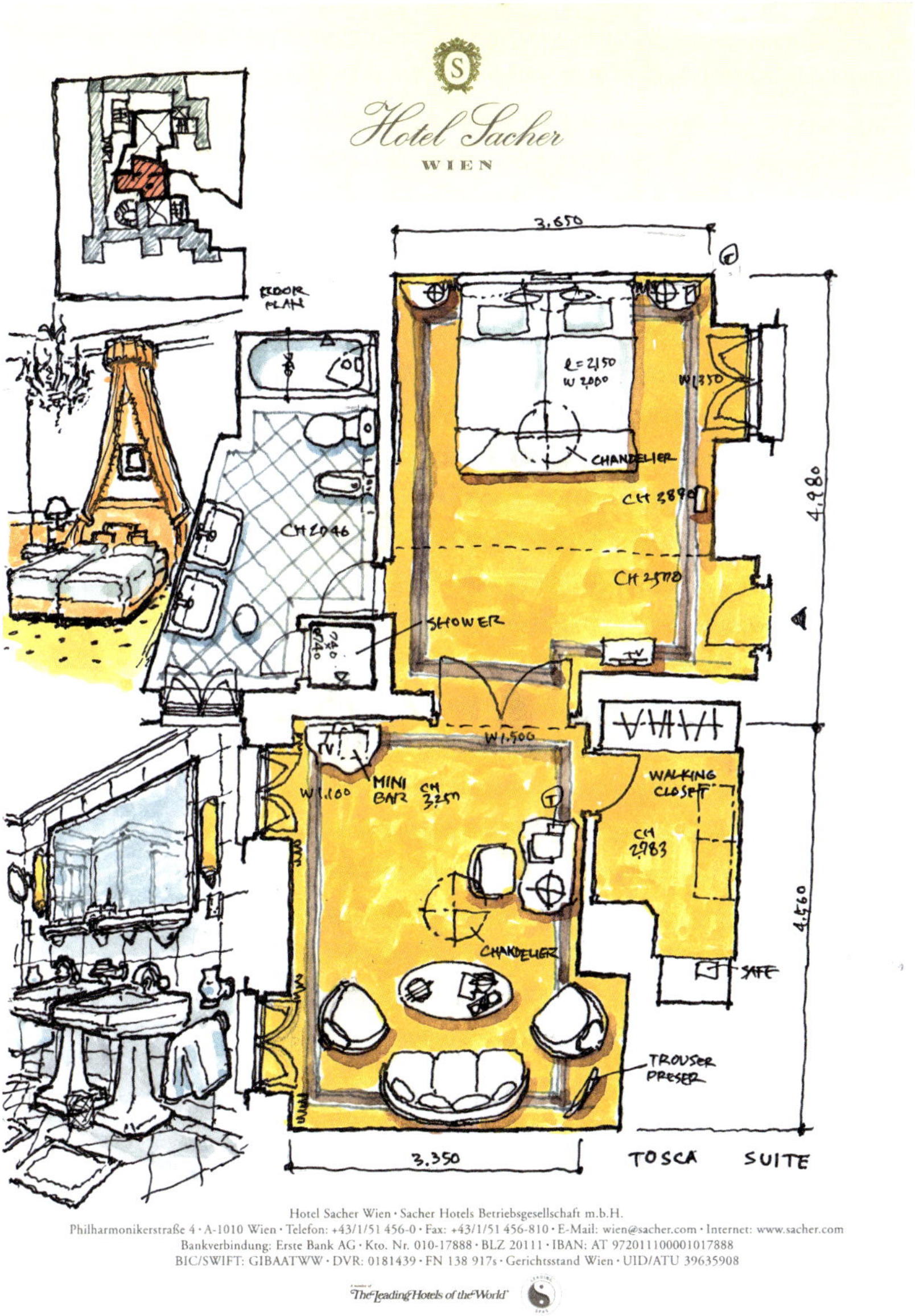

ホテル・ザッハー・ウィーン（オーストリア／ウィーン）

Hotel Sacher Wien

ウィーンの国立オペラ劇場のすぐ隣という絶好の立地。このスイート、4室から成る。ベッドはハリウッド配置。照明はウィーン風にシャンデリアが部屋の中央に。バスルームはダブルベイスン。独立したシャワーブースがあり、ビデも付いているから6 in1（6アイテムが1部屋に入っていること）。こんな王宮風のほうがスイートらしいという人が多いだろう。

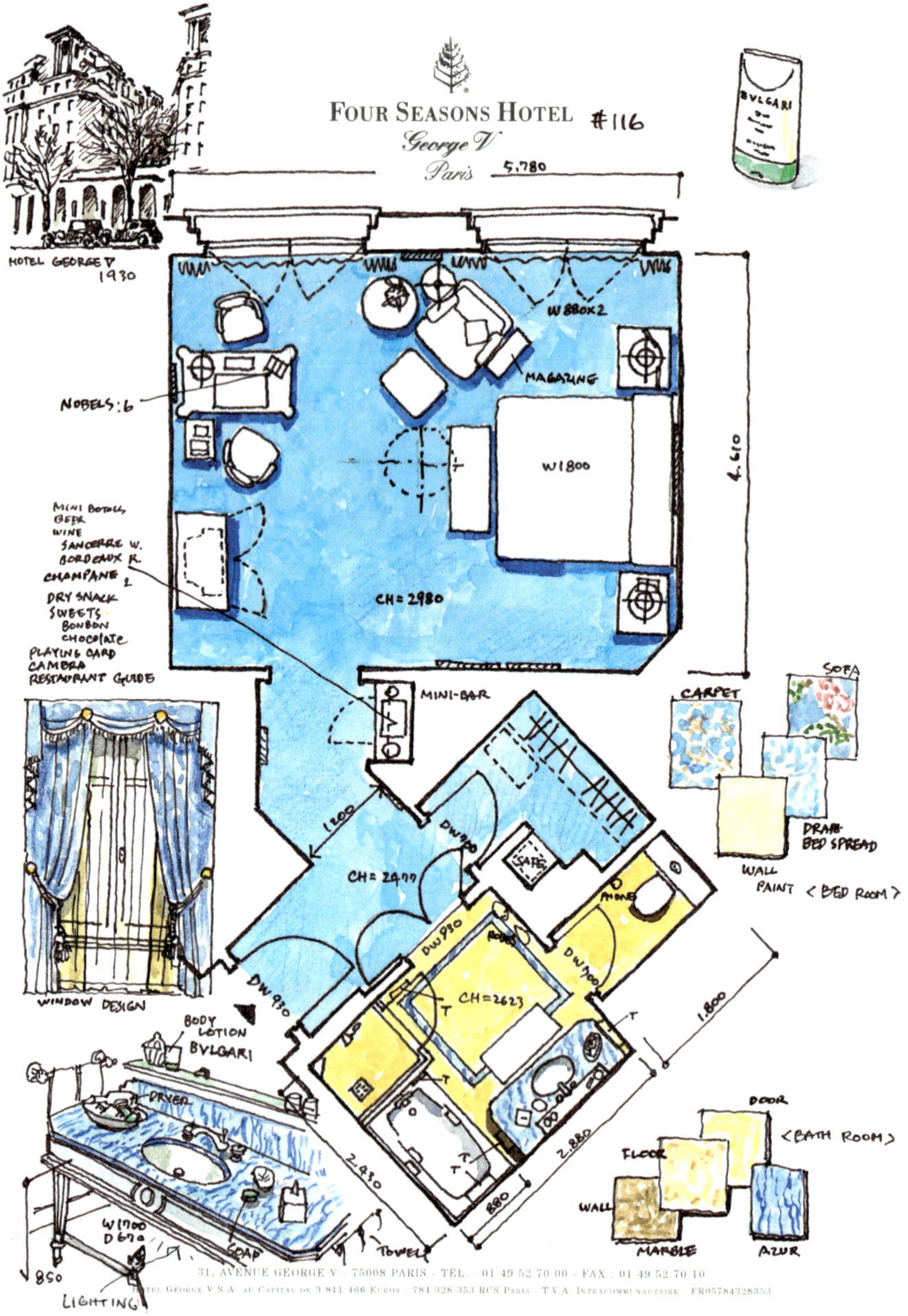

フォーシーズンズ・ホテル・ジョルジュ・サンク（フランス／パリ）

Four Seasons Hotel George V

1928年創業のパリのジョルジュ・サンク。アメリカ人好みに改装された。バスルームの洗面カウンターなどにはアズールと呼ばれる貴重な青い大理石が豪華に使われていた。バスタオルは大きく、パイルは密度があり、厚い。シーツ類の綿糸の番手は実に細かくてまるで絹のよう。

コラム3 ゲストルームの主役、ベッドとパーラー

その昔、フランスの王侯の居室では、ベッドルームがとても大きく、ベッドと壁の間の空間を「ルウエル（路地）」と呼び、そこにサロンが生まれたという。要するにベッドは単に眠るところではなく、部屋の中心であったのだ。しかしながら現代のホテルのレギュラールームではスペースに限りがあるので、ルウエルをリビング化するのは、やや無理がある。ベッドとパーラー（リビングまわり）は近くなければいけないというものではないとされ、サイドテーブルを置いて2つのゾーンを離す工夫をしている場合もある。

ホテルのベッド高さ。６５０㎜を高いなあと思っていたら７００㎜やそれ以上のものが現れた。高いとベッドにはい上がるという感じになるし、落ちたら大変！ となる。

長さはほとんど２０００㎜から２１００㎜。幅は９００㎜ぐらいから２０００㎜ぐらいまでいろいろ。２つのベッドがあると、配置も６００㎜くらい離したりする。くっつけてハリウッドツインと呼ぶこともある。

ベッド・スプレッドをはがしたり、アッパーシーツの端部を折ったりしてベッドまわりを整えることをターンダウン・サービスというが、それを省略する羽毛ふとんカバー、「デュベ」スタイルとするホテルも増えた。しかしターンダウン・サービスでチップを収入源とする欧米のホテルも多いから、このサービス、すぐにはなくならない。ブランケット（毛布）をシーツでくるむかたちはコンフォーターと呼ばれる。ベッドの上にベッド・スプレッドではなく、帯を載せたようなベッド・スローを載せたかたちも多くなった。靴のままベッドの上に寝転がると汚れるので、それがはじまりというが形骸化して部屋のアクセントになってしまった。連泊するとスローの色を変えるところもある。あるホテルではピローケース（枕カバー）に私のイニシャルが刺繍してあり、いきなりハートをつかまれた気分。

パーラーについて。パーラーを構成する家具類にはソファ、ラブチェアやカウチ、コーヒーテーブル、ライティングデスク、照明スタンドなどがあり、テレビやミニバーなどを含めることもある。テレビはほとんど薄型になりアーモアド家具（鎧をまとったような巨大な家具）は姿を消した。モバイルPCを接続できるジャックやケーブルは必須。プリンターを常備している宿泊室もある。リゾートホテルなどでは、このような「装備」をできるだけ見せない工夫をしている。都会を離れて解放されたいという要望に応えたり、やや不便でも快適…ということがあるからだ。

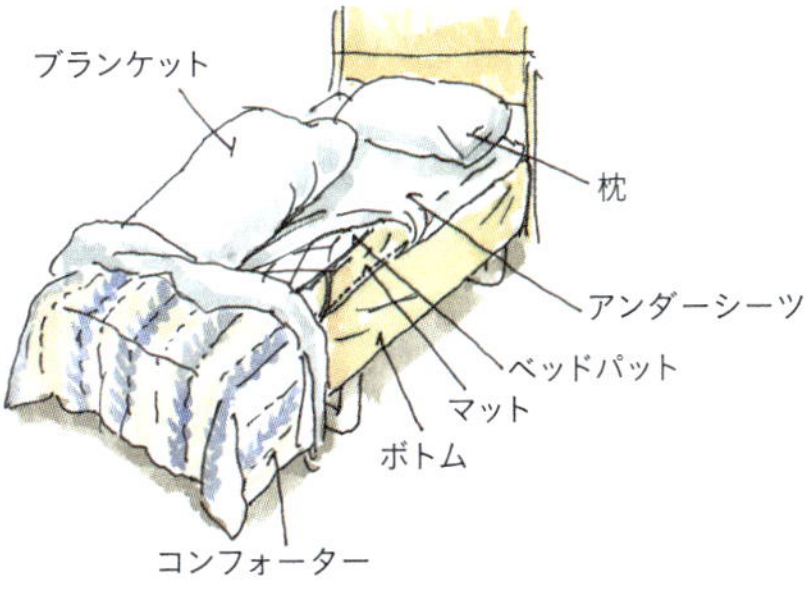

ベッドのメイキング。これはアレルギー体質者用の例

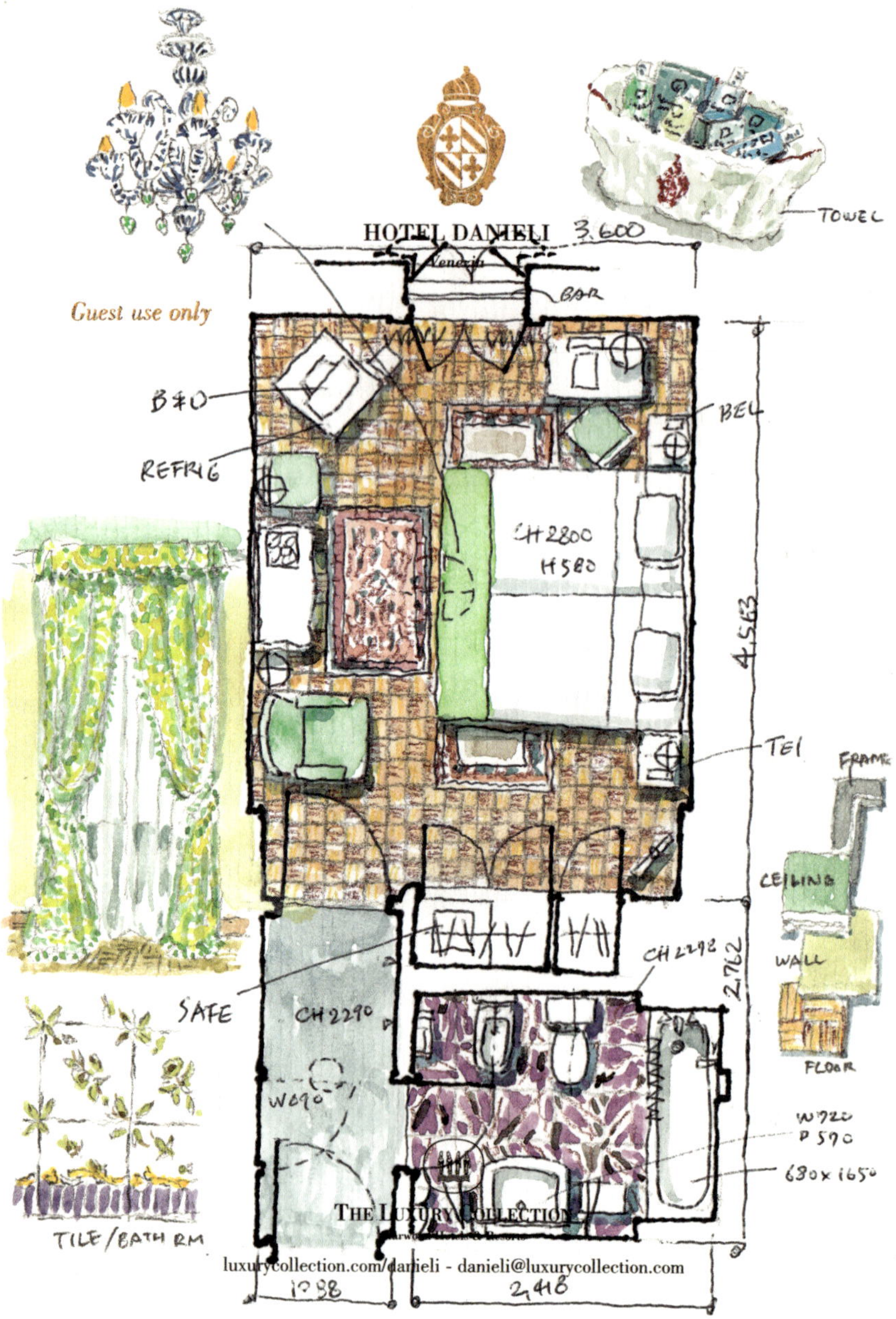

ホテル・ダニエリ（イタリア／ヴェネチア）

Hotel Danieli

ヴェネチアの古く有名なホテル。14世紀末、総督ダンドーロの宮殿として建てられた。サンマルコ広場に至近。客室は小さいがいたるところに花模様がついていてラブリー。天井のシャンデリアはやはりヴェネチアン・ガラス。

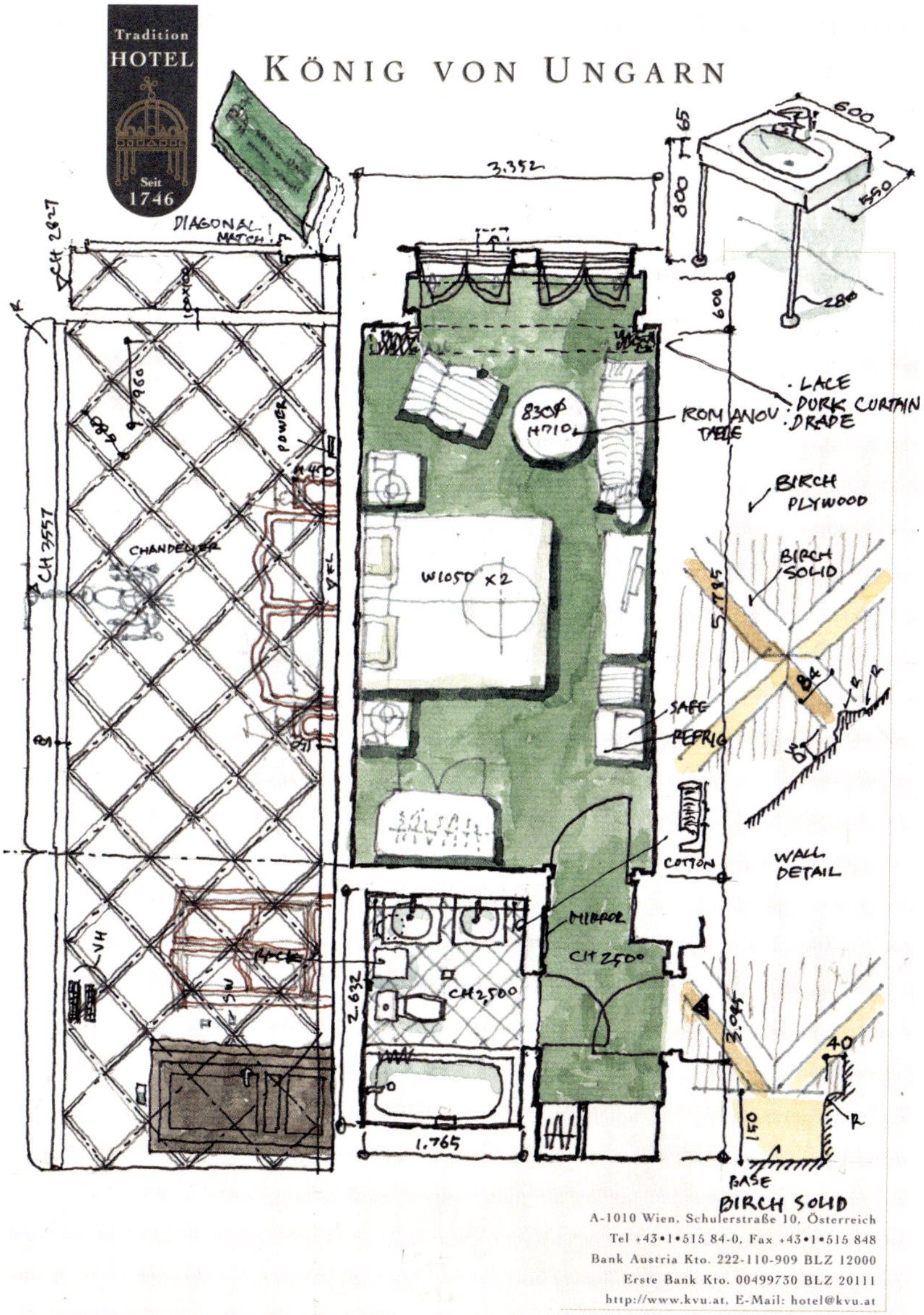

ホテル・ケーニッヒ・フォン・ウンガルン（オーストリア／ウィーン）

Hotel König von Ungarn

ウィーンのシュテファン大聖堂裏にあるこのホテル、名は「ハンガリーの王」という意味。オーストリアの皇帝がハンガリー王を兼任していたことがある。このゲストルームの壁はすべてバーチ材の練り付け合板で45度の斜め張り。縁は山形断面の同材で無垢材。つまり格天井のような壁なのだ。

ロカンダ・デル・ピローネ（イタリア／アルバ近郊）

Locanda del Pilone

イタリア・ピエモンテ地方の農園ホテル。ゲストルームは6室しかないが、投宿した部屋は農園ののんびりした空気が入り込んで気持ちがいい。市松にテラゾタイルを張った床はひんやりして裸足で歩きたくなる。

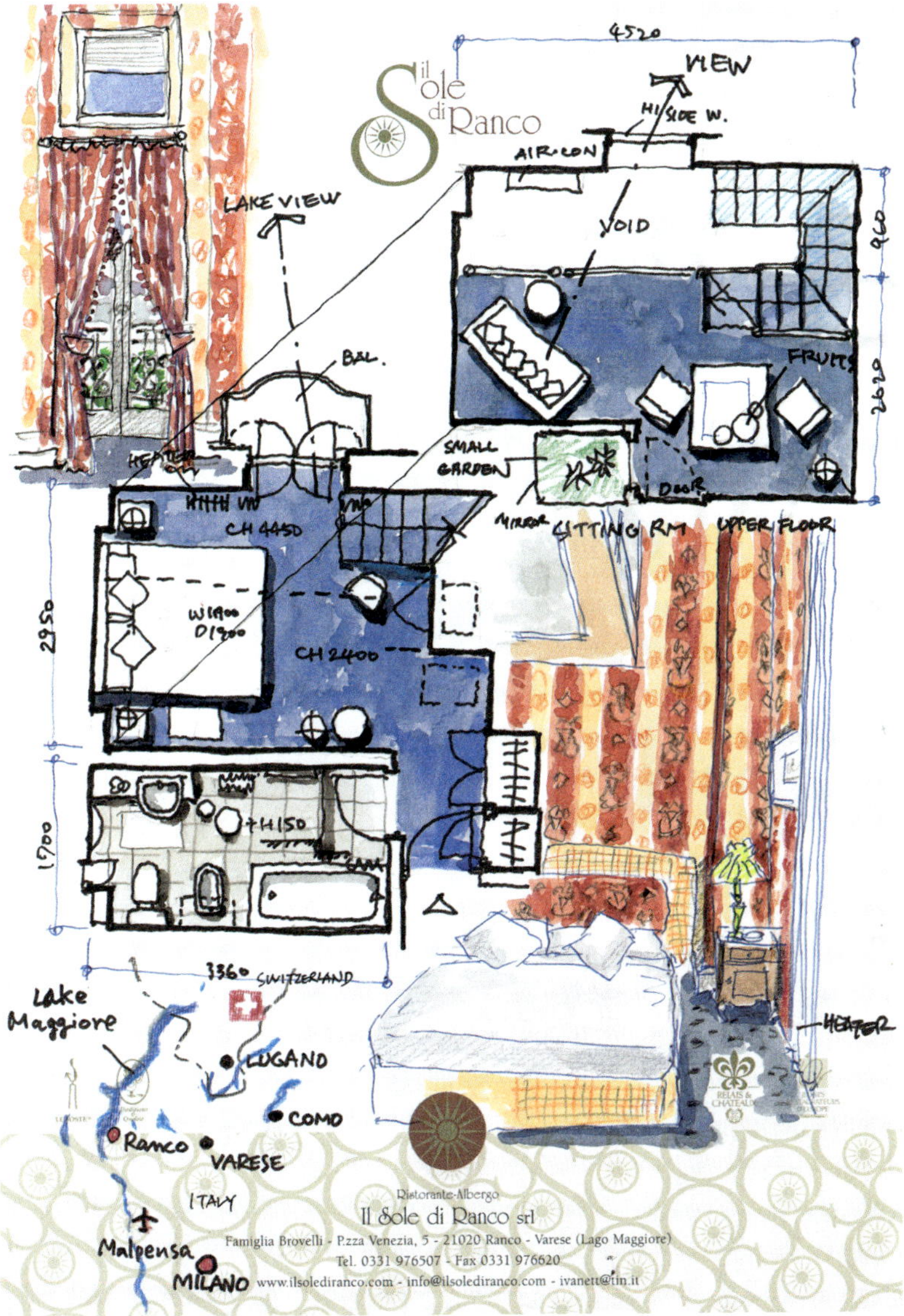

イル・ソーレ・ディ・ランコ（イタリア／ランコ）

Il Sole di Ranco

イタリアの夢ホテル。マッジョーレ湖を望む絶好のロケーション。全15室のうち、これは小さなデュプレックス・タイプ*。上階は屋根裏状。派手な赤白の緞子張りのクロス壁と深い青色のカーペットの室内から明るい湖面が見える。

*デュプレックス・タイプ：デュプレックスは二重の…という意味だが、メゾネット型（2層型）を指す。

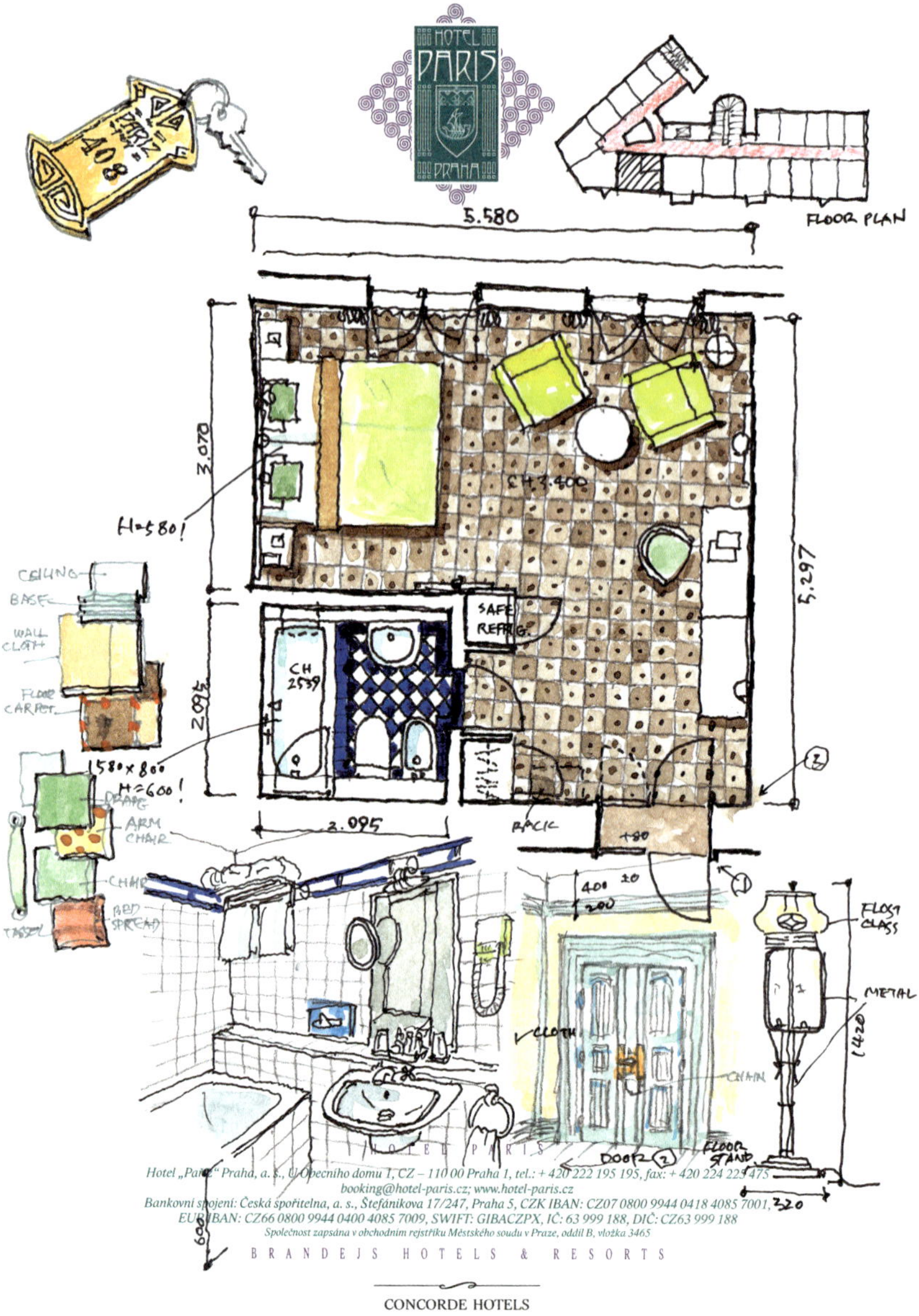

ホテル・パジーシュ（チェコ／プラハ）

Hotel Paříž

パジーシュとはチェコ語でパリという意味。ネオ・ゴシック様式の建物としてプラハの新街区近くに建設された。インテリアはアール・ヌーボーといっているが、アール・デコもユーゲント・シュティール*もある。ドアは二重。遮音やセキュリティもあるだろうが冬の寒さ対策でもある。

＊ユーゲント・シュティール：19世紀末のアール・ヌーボーのドイツ語圏的形態のひとつ。

コラム4
旅とホスピタルと独房

　どんな旅も高級な遊びのひとつだと思うようにしている。ホテルの設計者はゲストの要求すべてに応えるために心を砕く。旅人が、初めてかもしれない土地で、安心して休めるようにするのだから、その心配りには並々ならぬものがある。そのホテルが、休むということを越えて楽しむ施設に変わってきている。旅が遊びのひとつという所以でもある。

　そもそもホテルとホスピタル。これらはラテン語のホスピターレという同じ語からきている。宿は巡礼者の宿泊所としてもつくられた。中世の修道院など巡礼者を宿泊させ、病気の人はそこで看護したのだ。病院の出現である。最近、「病院らしい病院」が嫌われて、ホテルのような病院ができているが、設計者はもっとホテルやホスピタルのことを知らなければならない。将来はその区別がつかないようになるかもしれないのだから。

壁厚2mほどの城につくられたメゾネットタイプの客室
（ポルトガル・オビドスのポウサーダ・ド・カステロ）

　日本の旅館はすばらしい。食事の時間が限定されたり、遮音性や防犯などに問題があるという人もいるが、入浴している間に食事がセットされたりして「音や気配」がサービスの基本となっている。その高いホスピタリティはホテルには真似ができない。

　どんなホテルに行きたいか？　と尋ねられる。ホテルではなくてひんしゅくものだが刑務所の独房や留置場に興味がある。イスタンブールのフォーシーズンズ・ホテルは監獄を改装したものだった。そのイメージを払拭して高級ホテルになっている。ポルトガル・オビドスの古い城を改装したポウサーダ*はなんと壁厚が2mもあり、確かに静かで安全だが閉塞感すらあった。

＊ポウサーダ（Pousadas）：ポルトガルの伝統的・歴史的な建物を使用した高級ホテルチェーン。

4

ヒューマンスケールの世界

測り、描き進めていくと
「ヒューマンスケール」というテーマにたどり着く。
その世界とはどんなものか、
その裏には何があるのか。
これからどう変化していくのか。
ここでは、その考察を深めてみたい。

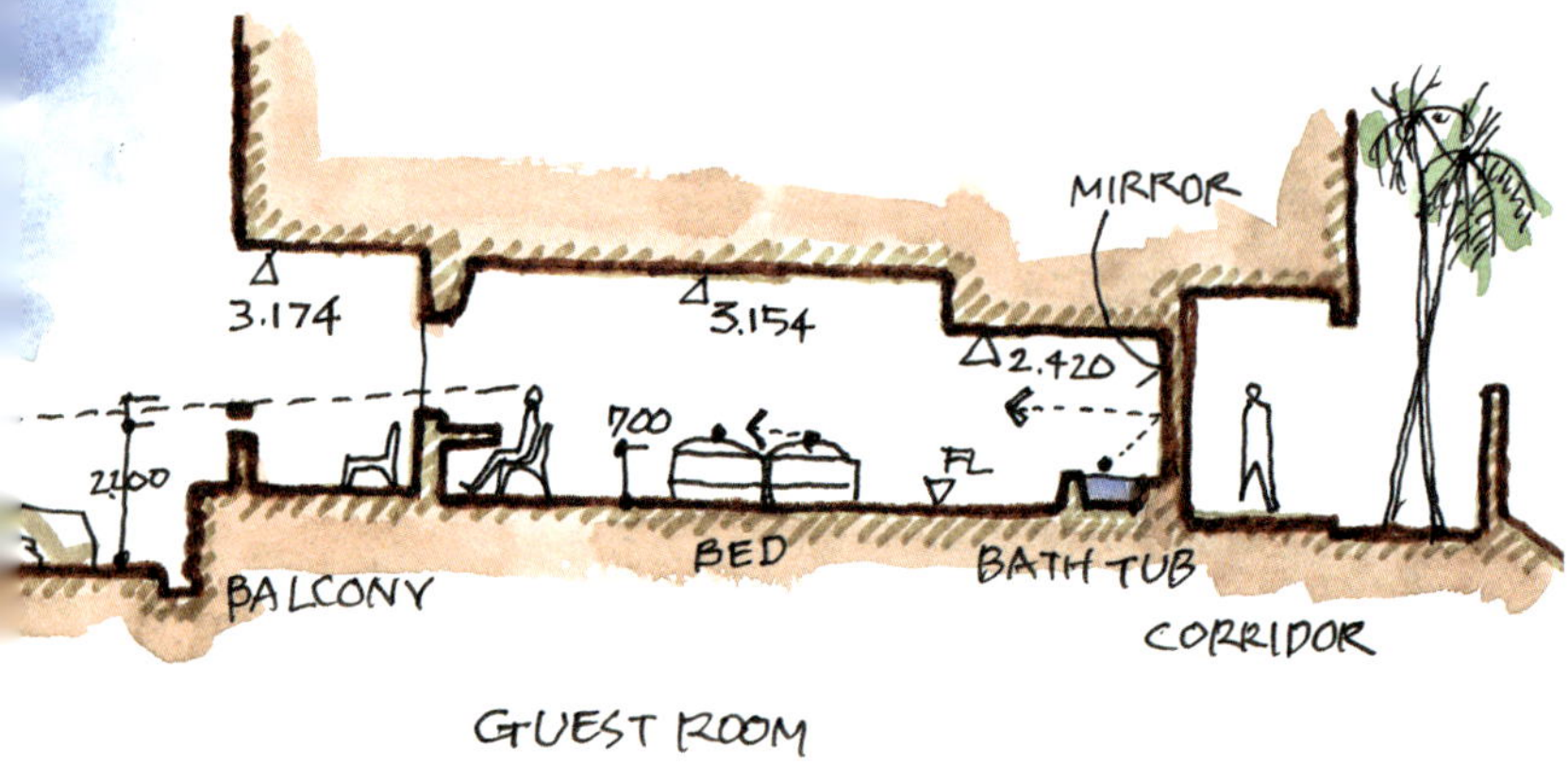

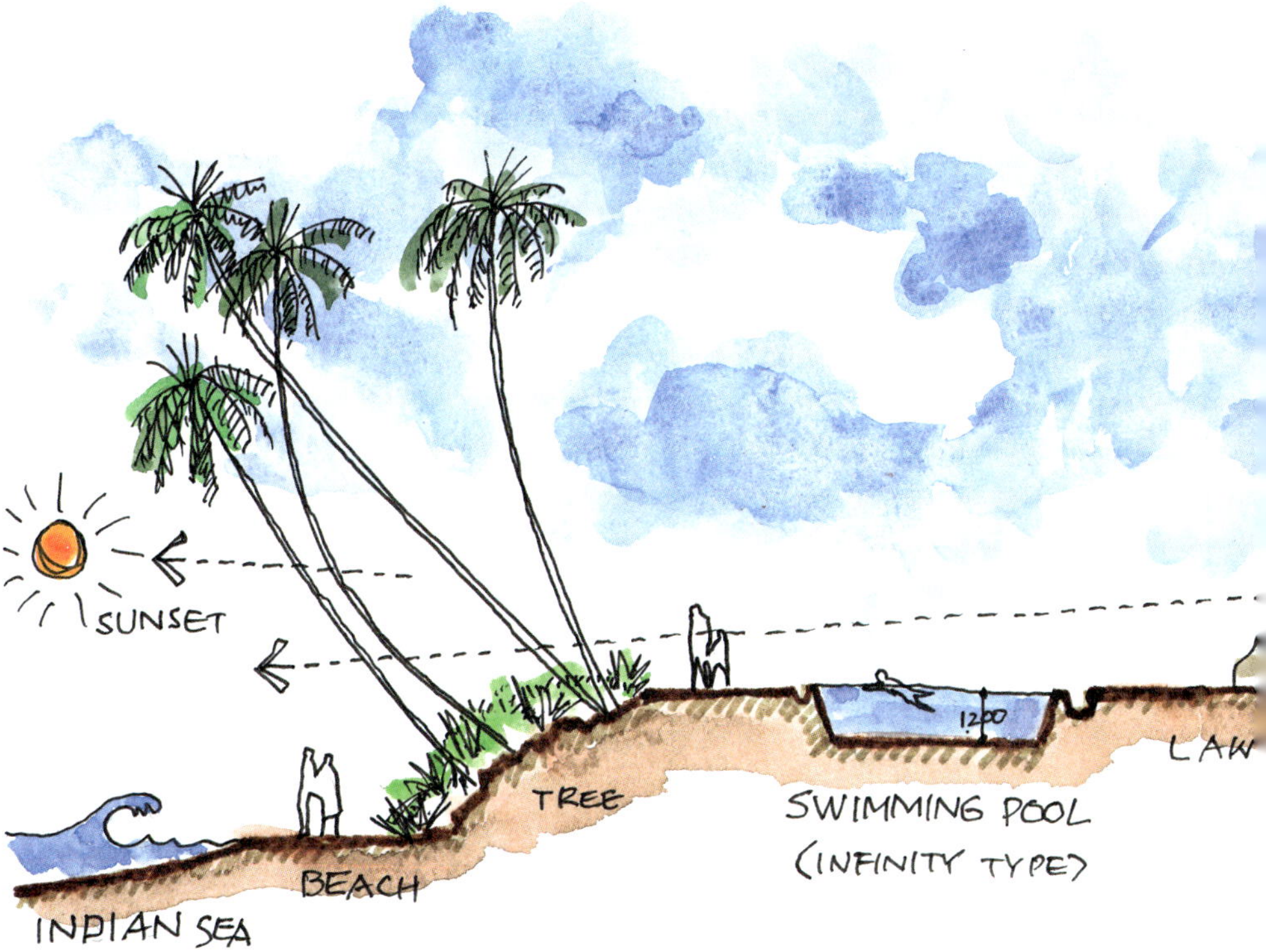

ジェフリー・バワ設計のホテル、ジェットウィング・ライトハウスの断面。
座った位置から視界を設計している。室内から窓外、さらにその外側へ空
間のグラデーションをつくる手法は、日本の空間構成に通じるものがある

ヒューマンスケールの世界

身のまわりを測ると、ヒューマンスケール（人間的尺度）ということにたどり着く。身体の部位、所作、運動などからくる寸法に適切なものを発見しはじめる。大きく変化しないこともわかってくるが、年齢、性別、習慣、民族、信条、社会生活などで微妙に異なることもわかってくる。

産業革命前、自動車も電話もなく、人は足で歩き、集まることで人に会い、話し、争った。すべてが「身の丈」からくる人間的スケールでできていてその秩序は整然としていた。今、そんな秩序だらけの古い世界に身を沈めることも、人間らしさを取り戻すために欠かせないのだが、現代はヒューマンスケールだけででき上がっているというわけにはいかなくて、必ずほかのスケールが混在することになる。秩序ある旧世界と、日進月歩の超高層、高速移動、携帯電話、インターネットの

ブータンの廃屋となった民家。構成がよくわかる

世界。そのせめぎ合いがうまくいかないためにさまざまな問題を引き起こしているともいえ、混在のあり方をあらゆる場面で問われている。

混在が必至であるのなら、ますますヒューマンスケールの世界とか、等身大の生活がどんなものであったのかを知らないわけにはいかない。機械や電子が介在しない広さ、大きさ、長さ…それがどれほどのものか、私たちは設計やデザインの専門家なのだからこそ、よく知ってそれを自分のものにしなければいけない。

ブータン*に行くとホッとする。なぜか。ほとんどヒューマンスケールだけの世界だが、新しい世界との調和を慎重に模索している。それに、ここに行くと、「便利が快適とは限らない」ということがよくわかる。国民総生産ではなく総幸福の世界。

*ブータン王国：ヒマラヤ山脈に接する、インドと中国の間の小国。面積3万8394㎢。

ブータンの首都・ティンプーのタシチョ・ゾン

かくれた次元

京都、春の鴨川の堤を五条大橋の上から何げなく見ていて愕然とした。たくさんのカップルが等間隔に川を向いて腰を下ろしているではないか！　測ったわけではないがおそらく4〜5ｍピッチ。まるで電線のツバメである。夜、同じところを見てさらに驚いた。カップル間の間隔が、夜は10ｍピッチに変わっている。さもありなん。

『かくれた次元』というエドワード・T・ホール*の著書に夢中になったことがある。彼は動物にはその種固有の見えない「泡（バブル）」があると説き、その「相と距離」の関係を「プロクセミックス」という概念で著した。「鳩は50㎝」といわれる。近づいていってヒトとの距離が５２０㎜では逃げないが４９０㎜は逃げる距離だというのだ。この距離は当然ながら種によって異なるし、鳩同士となると20㎜くらいまで接近する。人間でも、恋人同士、友人、会議、大衆演説会など、そのシチュエーションで近さや遠さが異なる。これこそ設計の原点なりとばかり、私は「ヒューマンスケールとコミュニケーション」という修士論文を書いた。人間のつくり出す泡をたくみに組み合わせて、建築空間やインテリアと呼ばれる室内空間などができ上がっているに違いない。その原理を読み解くことができれば、設計やデザインの方法論ができ上がるのではないかという期待があった。

プロクセミックスはヒューマンスケールの概念に重要なヒントを提起している。スケール感には民族やコミュニティによって限界や適正値のようなものがあり、それを見つけ出すことが測ることの目標のひとつになってくる。大きな示唆を与えるものであることは疑いがない。

＊エドワード・ホール（Edward T. Hall　1914－2009）：アメリカの文化人類学者。狭い専門意識を打破した、学際的なアプローチの第一人者。著書に『かくれた次元』（みすず書房）のほか『沈黙のことば』（南雲堂）など。

春の鴨川堤。みごとに等間隔でカップルがならぶ

時間と距離のヒューマンスケール

スケール感ということでは時間と距離のことがある。エレベータホールでコールボタンを押してから扉が開くまで20秒くらい待つことは気にならないが、せっかちな人でなくても30秒を過ぎると「遅いな」と思う人が多い。ホールランタンやインジケータを見て紛らわしたりする。この「待ち時間」、実は民族とか生活パターンなどで異なるから、一概にいえない。

エレベータを降りて客室に向かうとする。普通のシティホテルではせいぜい20〜30mくらいだが、リゾートホテルでは長い。100mや200mも苦にならない。片廊下が多いのと、ゲストにリゾートホテルだからという寛容さが働くためだ。ヒューマンスケールもシチュエーションで変化する。

学校のテキストでは「計画原論」として、その施設の適正な配置や大きさ、人口密度、トイレの穴数、待ち時間などが施設ごとに推奨され、そのデータが載っている。これはこれで大切なことだが、ほんとうに適切かどうか、自分の足や目で確認することをぜひおすすめしたい。

バス停やコンビニの位置などは、待ち時間や歩行距離などで決めているのだろうが、意味もなく離隔距離が遠かったり近すぎたりする例もある。経済や効率の論理だけではなく、人間のフィジカルな面やサイコロジカルな面を見て、「身体性」を中心にした建築や都市になっているかというところに目を向けなければいけない。

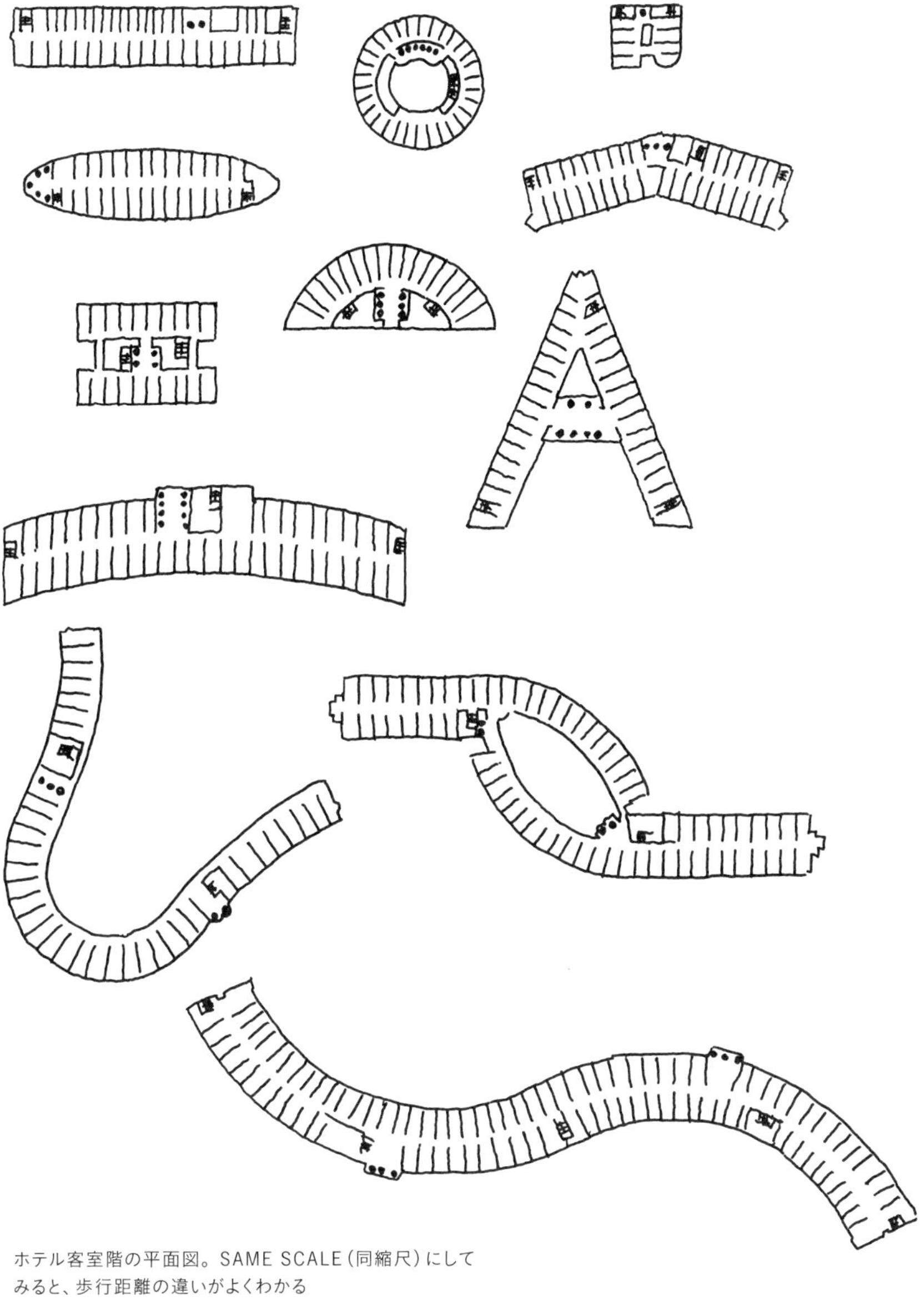

ホテル客室階の平面図。SAME SCALE（同縮尺）にして
みると、歩行距離の違いがよくわかる

アフォーダンスとドア

「環境が動物に与える意味や価値をアフォーダンスという」とジェームス・J・ギブソン*が述べている。これではなんのことやらわからない。「アフォーダンス」を「らしさ」のことと言い換えてみる。抽斗《ひきだし》の把手は「引く」かたちをしている…かたちが発することば「らしさ」が行動を誘発しているのだ。しかし、デザイナーの多くは家具の把手を見せずにスッキリとさせたいと考える…いや把手はわかりやすく見せるべきだ…とも。迷うところだ。階段やトイレやドアの位置が「およそわかる建築」というものもある。「行為を誘うかたちの情報」とでも言おうか。アフォーダンスの是非を論じることはデザインそのものを論じることでもある。

ドアは単に空間の分節点、トランスファーするための装置というばかりではなく、建築の中でもっとも人間の肉体に近いところにある大事なエレメント。壁や天井に触れることがなくても、ドアには触れる。ロックの安全性、ノックという行為、材質、他人と出会うというだけでもそこにはヒューマンスケールが濃密に介在する。ドアのアフォーダンスはきわめて重要である。

ドアは基本的に内開き…というと誤解を生じそうだ。避難方向などからやむをえず外開きにすることがあるが、本来内開きが正しい。人は外から内へ導かれるものなのだ。「押し、入る」のだ。外開きでは押し出されてしまう。ヒンジなども室内側から見て左吊元がよろしいと教わった。プラン上そうもいかないことも多いが、できればそうせよと…。なぜか。室内にいる者はノックされると、「どうぞ」と言って左手でノブを回してドアを内側に開けて客を招き入れ、右手で訪問者と握手をするのだと…。そう決めつけるのもどうかと思うが、ことほど左様に、人の所作は建具の開き勝手などと一体化していたといえる。開き方向や大きさについては、法令もあるがもっと慎重に決めなければならない。ホテルでは鍵のかかるドアのあり方は「最重要」に近い。安全・安心はここにほとんど集約され、キーのあり方や、サービスのかたちが常に問題になる。

引き戸は欧米には多くないが狭いところでは大変便利。壁と同面で収めるとき、指詰め防止の引き残しをなくしてきれいに収納できるうまいデザインの引き手もある。

＊ジェームス・J・ギブソン（James Jerome Gibson 1904－1979）：アメリカの心理学者。直接知覚説を展開し、アフォーダンスの概念を提唱して生態心理学の領域を拓いた。

室内では左手でドアを内側に開け、右手で握手をする

アルヴァ・アアルトがデザインしたドアの把手

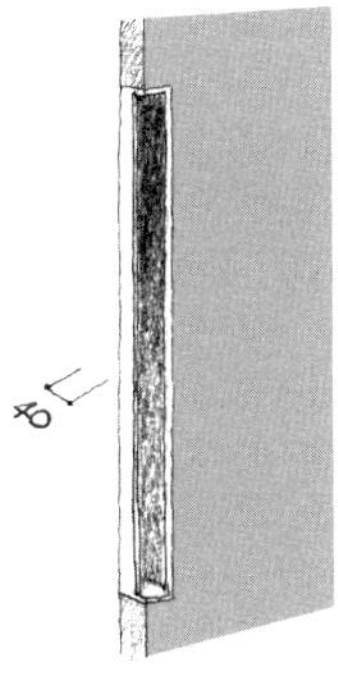

引き戸がその収納スペースに面内で納まり、「指詰め」をしないという把手

テーブルのかたちと席次

ベトナム戦争後の和平会談がかつてパリで開催されたが、テーブルは大きな円形。楕円や長方形では序列ができるので、各代表に上下の差異をつけるのを避ける知恵であった。

日本の座敷でホストがゲストを接遇するとき、席次が問題になる。主賓は床の間を背にして庭に正対すると思っていい。ゲストのトップは中央に座し、ホストのトップはその前。下位のものはホスト側もゲスト側も左右にだんだん遠ざかり、最下位の者は配膳の通用口近くに座する。

サイズも、お銚子をとって正面の客に酒をつぐには、相手があまり遠くては困る。対面して契約などの調印などをするときは、調印後握手をするので対面の距離は遠すぎても近すぎてもよくない。よいしょと手を伸ばしてかろうじて握手ができる距離がちょうどよいとされる。

西洋式の正餐では着座の常識が和式と異なる。両短辺が上位ということもある。それに庭園への眺望は必ずしも着座ヒエラルキーの要素ではなく、暖炉があればそれを背にするのが上位とされる。

中国料理の円卓は席次に気を使わせないように見えるが実は上座下座がある。奥から星形を描くような順番で着座し、下座にいたる。また、人数でも11や13がラッキーナンバーだとされ、食事のときに見知らぬ人がひとり加わったりする。

ある高級高齢者施設のダイニングルーム。老夫婦が横に並んで窓外を見るように配置をしていた。また、あるカフェではカップルが120度くらいの関係で着座できるように卓のかたちを変えていた。対面でもなく、外を見ながら相手の横顔もちらっと見える心憎いレイアウト。

夫婦が並んで外部を見る。窓台は低い

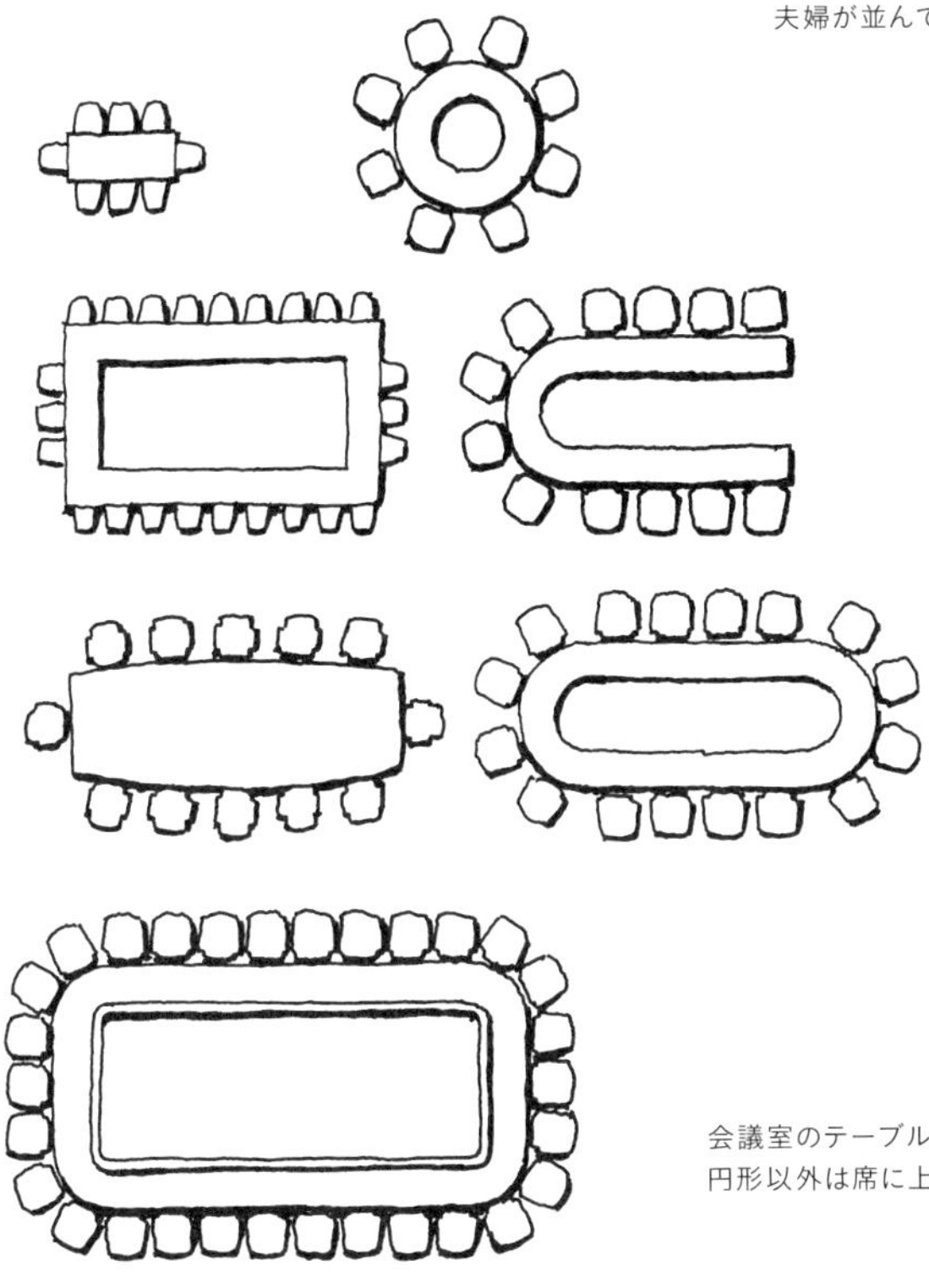

会議室のテーブルのさまざまなかたち。
円形以外は席に上位下位をつくり出す

ユニバーサルデザインと障害

ユニバーサルデザインとかバリアフリー、障害などの概念は空間デザインを進めるうえで避けては通れない。いずれもヒューマンスケールの世界を考察するのに大切なことなので整理しておこう。

ユニバーサルデザインについてはアメリカのロン・メイス*らによって提唱された有名な7原則というものがあるのでページの下に掲げる。

要は、「だれでも…」ということである。よく似た概念でバリアフリーというものがあり、障害者や弱者と健常者の間のバリアをなくそうという考えだが、はじめからバリアがあるとしているものであり、ユニバーサルデザインのほうがより広く包括的だといえる。

障害者とはなんだろう。「障害とは、個人と環境の間に生じる問題のことをいう」とは、スウェーデンの国会で定められた定義だという。これによると障害者は健常者の単なる対立概念ではない。病院やリハビリ施設は、「個人と環境との間に生じる諸問題をできるだけ減らすための施設」となる。何しろすべての人は健常者であると同時に障害者でもあるのだから。

ただし、車椅子利用者や高齢者がよく使う施設では、スイッチや把手高さ、倒れた場合の緊急ボタンの高さなどをよく考慮しなければならないのは当然である。

ユニバーサルデザインの7原則

①だれでも公平に利用できること。
②使ううえで自由度が高いこと。
③使い方が簡単ですぐわかること。
④必要な情報がすぐに理解できること。
⑤うっかりミスや危険につながらないデザインであること。
⑥無理な姿勢をとることなく、少ない力でも楽に使用できること。
⑦アクセスしやすいスペースと大きさを確保すること。

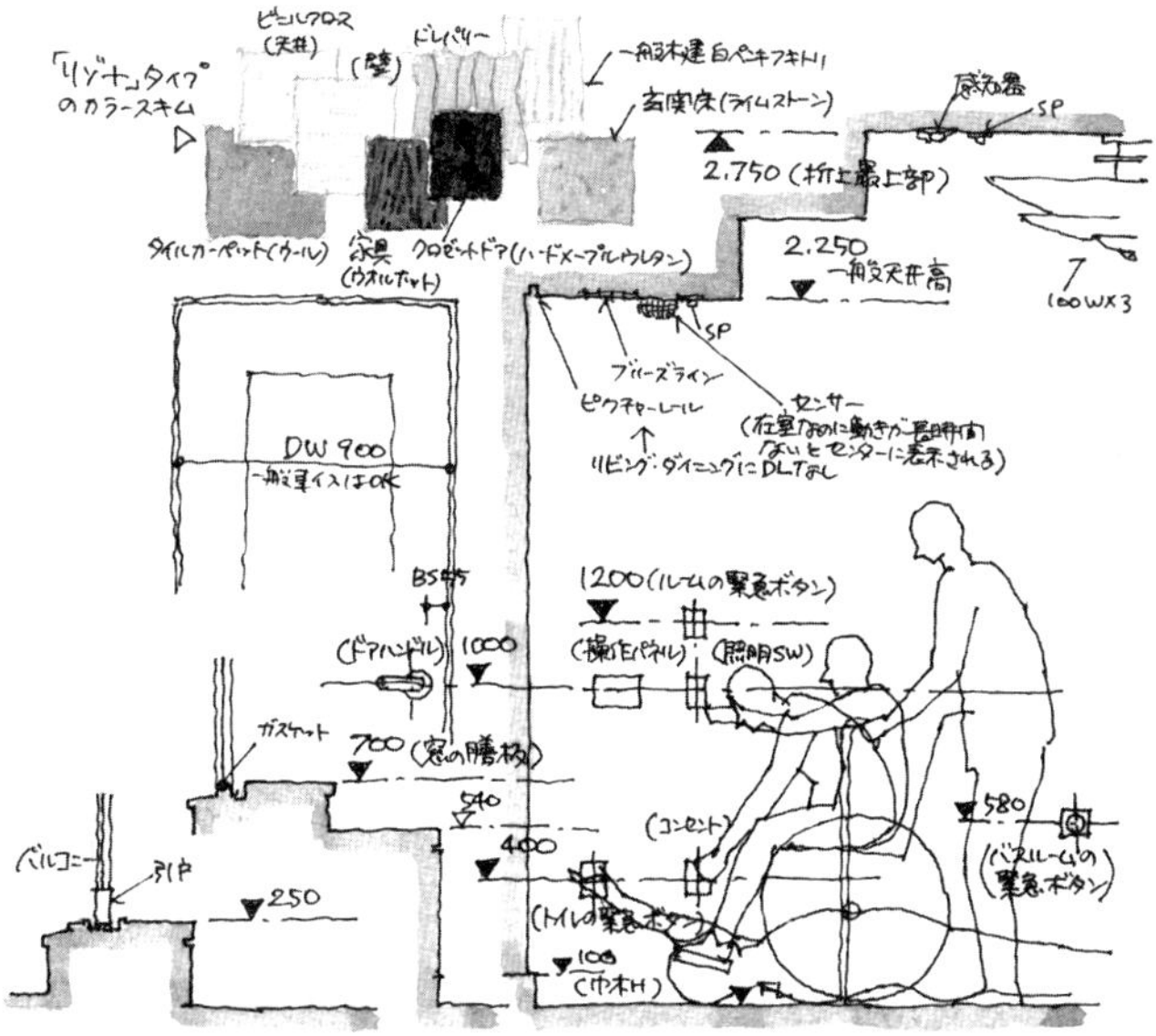

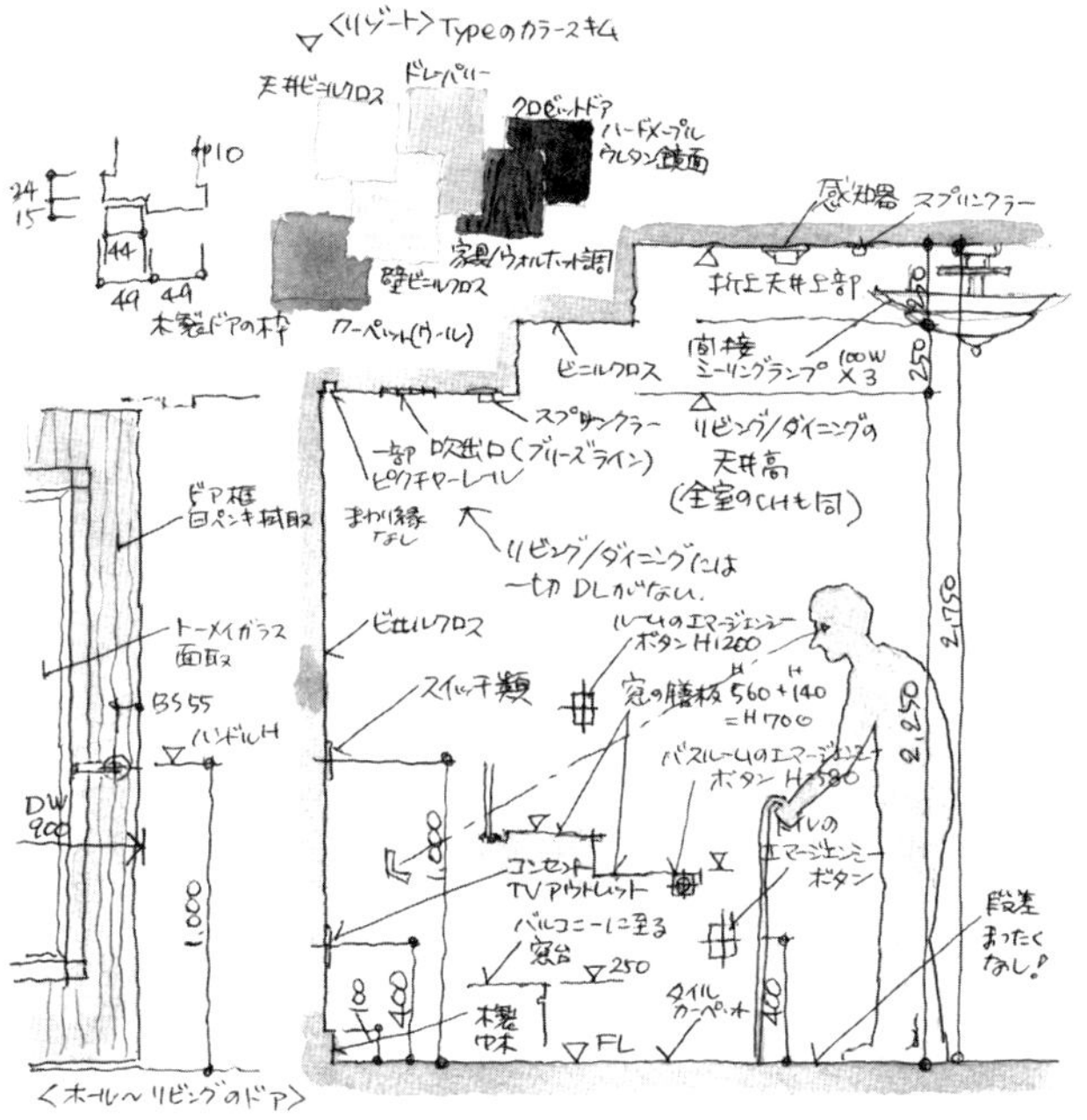

＊ロン・メイス（Ronald L. Mace 1941−1998）：アメリカの建築家、デザイナー、教育者。彼自身、脚に重度の障害があった。組み立て式住宅や風呂ユニットを設計。国際的な会議で「万人が使える設計」について講演を行った。

ある有料高齢者施設。車椅子や高齢者の利用を考え、緊急ボタンの高さなどを設定している

5 日本のヒューマンスケール

わが国では、生活の「ありよう」からくる、
ヒューマンスケールの世界が色濃く熟成されてきた。
その広く深い世界と、独特な空間観の一部を知り、
これからの課題を探りたい。

民家を移築したホテルのゲストルーム。室内の天井は小屋裏をあらわして高く、
室外への視点は低く抑えられている

日本の空間と畳

住居はどこでもヒューマンスケールのかたまりだが、特に、日本では整然としたヒューマンスケールの体系がかつてあり、今も私たちの生活空間に秩序をもたらしている。私たちは、改めて畳の寸法や内法高などを探り、比例体系や寸法体系を知りながら、この「日本のヒューマンスケール」を見直さなければならない。日本の空間モデュール＝「畳」と思われているが、畳が庶民の住宅に入ってきたのは明治以降。大昔、基本的に床は土間であり、そこに籾《もみ》を敷いたり、藁を編んだものなどを置き、腰を下ろしていた。寝殿造になって、位の高い貴人だけ板敷の上に「藺草《いぐさ》」を四角に編んでそこに座った。「置き畳」の登場である。かなり経って書院造が現れ、武家でもそれをモデュール化して敷き詰めた。畳が一般化するまで実に長い年月を要しているのだが、立位と椅座にはついにならなかった。日本建築は昔からこの「床に座すること」を原点としてきたのだ。

畳寸法を見ると、いわゆる団地サイズは関東間よりもずっと小さく、広さ感覚を狂わせる。これはコンクリートなどの躯体を決めて建築をつくり、その中に畳を敷いたため。やはりできることなら流通できる内法優先の「京間」の畳、6尺3寸×3尺1寸5分、すなわち1910×955㎜として考えていきたい。しかし、「起きて半畳、寝て一畳」といわれる畳でも、茶の湯のお点前を行うとなると丸畳（1畳）の4分の3の大きさ、台目畳（1433×955㎜）でも事が足りるとされた。恐るべき寸法追求である。この台目畳、使ってみると実に心地よい。

日本の座敷の構成

地域による畳の大きさの違い

名称	サイズ（寸 表示 / mm 表示）	地域
京間（本間）	6尺3寸×3尺1寸5分 1910×955mm	京都を中心に関西地方
中京間	6尺×3尺 1820×910mm	名古屋を中心に中京地方
江戸間（関東間）	5尺8寸×2尺9寸 1760×880mm	東京を中心に関東地方
団地サイズ	5尺6寸×2尺8寸 1700×850mm	団地など

木割

ニューヨークのある鮨屋。どうもヘンだ、おかしい。よく観察すると天井高が3m以上もある。明かり障子の桟が12㎜もある。私たちにはそれを「どうもヘンだ」と思うDNAがあることもわかる。

日本の寸法体系は身度尺の尺や貫。空間の比例・寸法体系としては「木割」に昇華されていたといってもいいだろう。木割は『匠明《しょうめい》』*に書かれたものが代表的なものになっている。私たちは現代で日本空間をつくっている以上、畏敬の念をもってこれを学習し、少なくとも最低のことは理解すべきであろうと思う。

日本では木材が建築の構造から仕上げまですべてにわたって使われてきて、そのあり方が古来から建築のかたちと強く結びついてきた。柱材や板材をつくり出し、その寸法から割り出されて適正な座敷の広さを導き出す。構成する各部の部材寸法は厳密に設定され、部屋の広さと柱の寸法の関係はもっとも基本的なことされ、これをもとに敷居や長押、天井棹縁など詳細な部材寸法まで決められた。製造・流通という経済と人間の暮らしや作法からくる寸法体系が合致していたのだ。この比例寸法体系は今でもスタンダードたりうる。木割は日本の空間に典型をつくり出し、安定した価値観、美意識を醸成した。身度尺と木割が整えられた座敷…床の間から、畳、入側、庇下、庭にいたる高さの変化は独特の美学をつくり、座する人間の視点から日本独特の空間グラデーションとして完成されていった。

これに対し、木割は自由な発想を疎外したとの意見もあるが、私はそう思わない。「かた」があってこそ「かたやぶり」があると思うからである。

日本の身度尺と木割は幸せな結婚を果たしていたとでも言おうか。

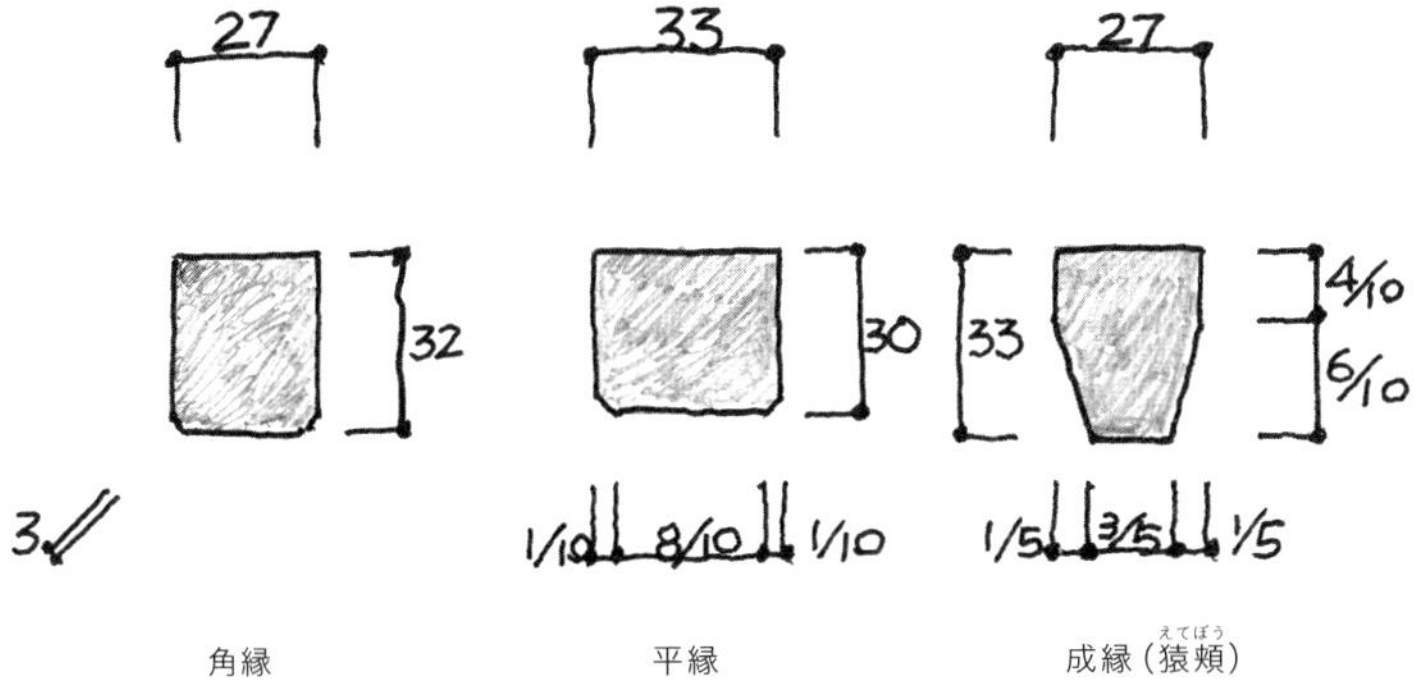

天井の竿縁《さおぶち》の形状の目安

＊『匠明』：江戸時代初期に平内政信が著した木割書。

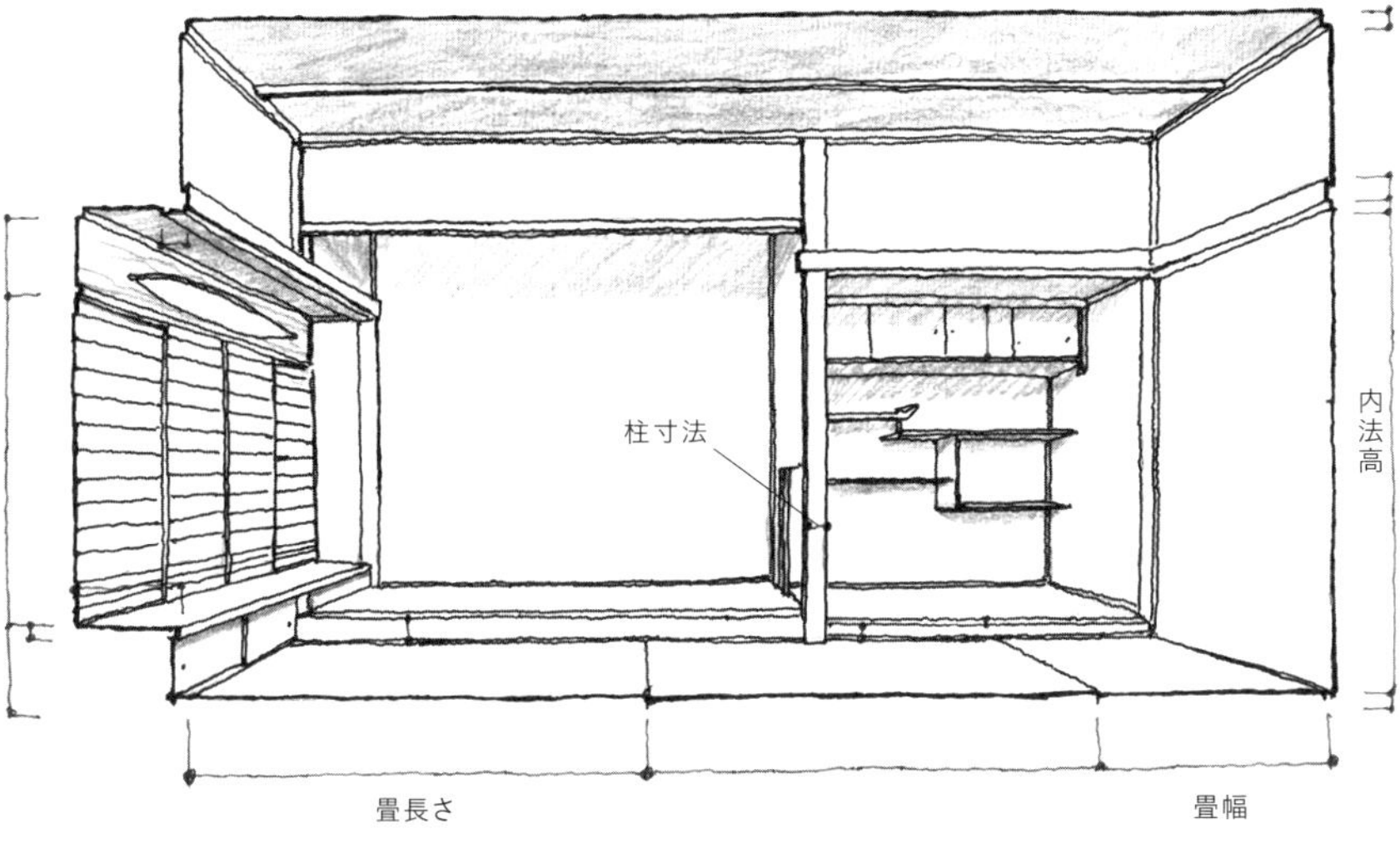

「木割」の一部。柱寸法などをもとに各部位の寸法が比例により決められていく

内法高

伝統的日本空間の高さに目を向けてみよう。内法高《うちのりだか》というものがある。敷居の上端から鴨居の下面までの距離のことだ。『匠明』ではこの内法高を絶対寸法として住宅系では5尺8寸（1758㎜）と決めていた。なぜ6尺（1818㎜）ではないのか。2寸は畳の厚さ分なのである。昔は引っ越しといえば大八車に畳や戸板、襖や明かり障子を積んで移動した。内法高は一定だから、どこでもぴったり入った。畳や建具は長い間にわたって流通するしつらいであったのだ。

村野藤吾*はさらに日本的な落ち着きがある内法高5尺7寸（1727㎜）という寸法にこだわった。グランドプリンスホテル新高輪の和室「秀明」ではそれが5尺8寸（1758㎜）となり、ウェスティン都ホテル佳水園では外国人の利用を考え5尺9寸（1788㎜）になっているが。

篠原一男*は内法高の下を「機能空間」と呼び、それから上の高さは「装飾空間」といった。確かに天井高さは木割でも厳密さはなく、ほとんど自由に近い。

内法高5尺7寸の持つ空間の重心や落ち着きは得がたいものであったが、いまや1727㎜では頭をぶつける人がたくさんいる。そこで外国人を接遇する場合などは1885、1900、2000㎜とする和室も多くなってきた。天井高さは2500、2700、3000㎜とさまざまだ。全体に高くなると日本的な落ち着きがなくなる。それにその伝でいけば屋根の軒高まで上がってしまい、日本的な家屋の姿とは言いがたくなるから矩計には工夫が必要だ。

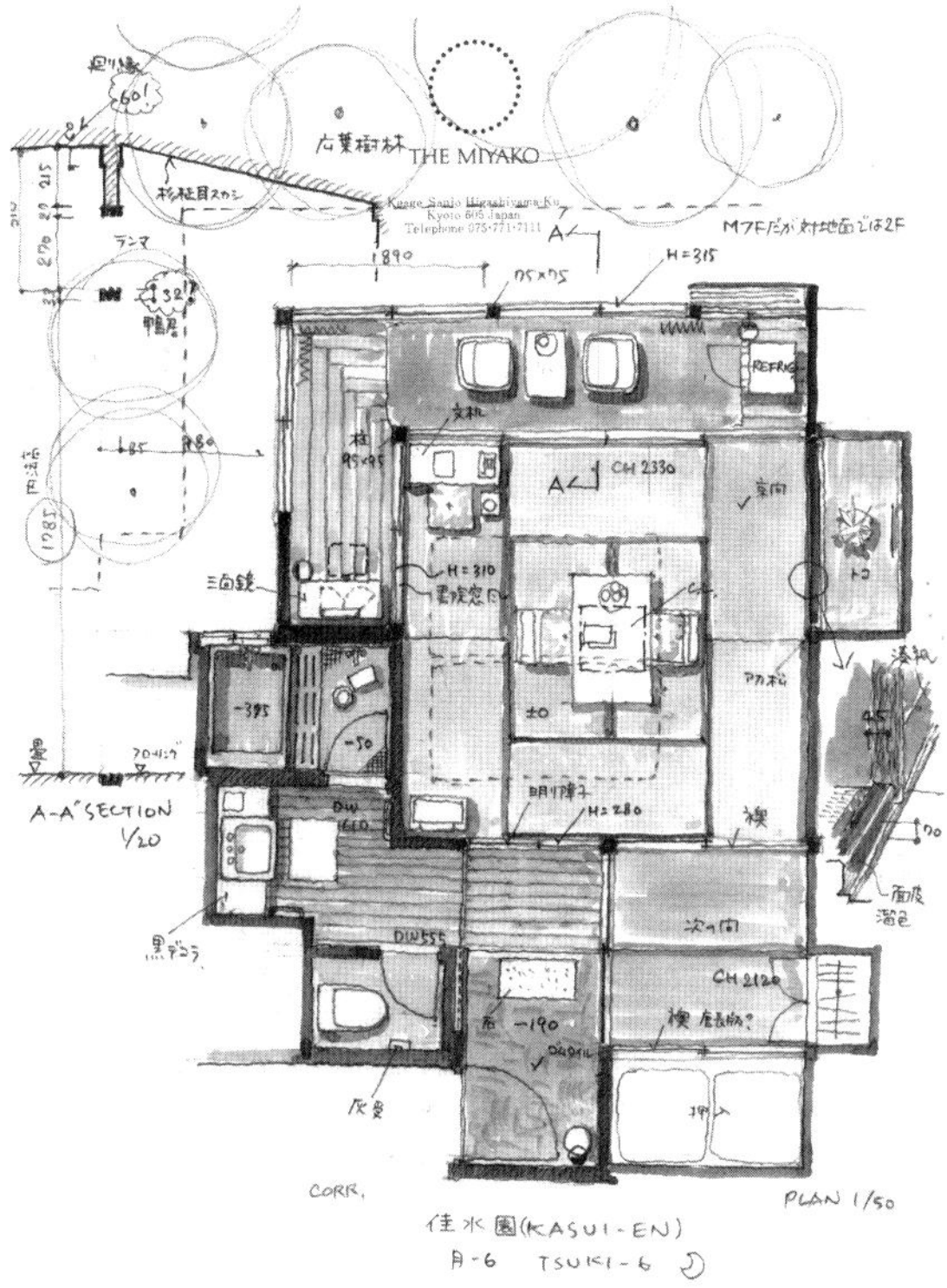

ウェスティン都ホテル京都・佳水園の客室平面

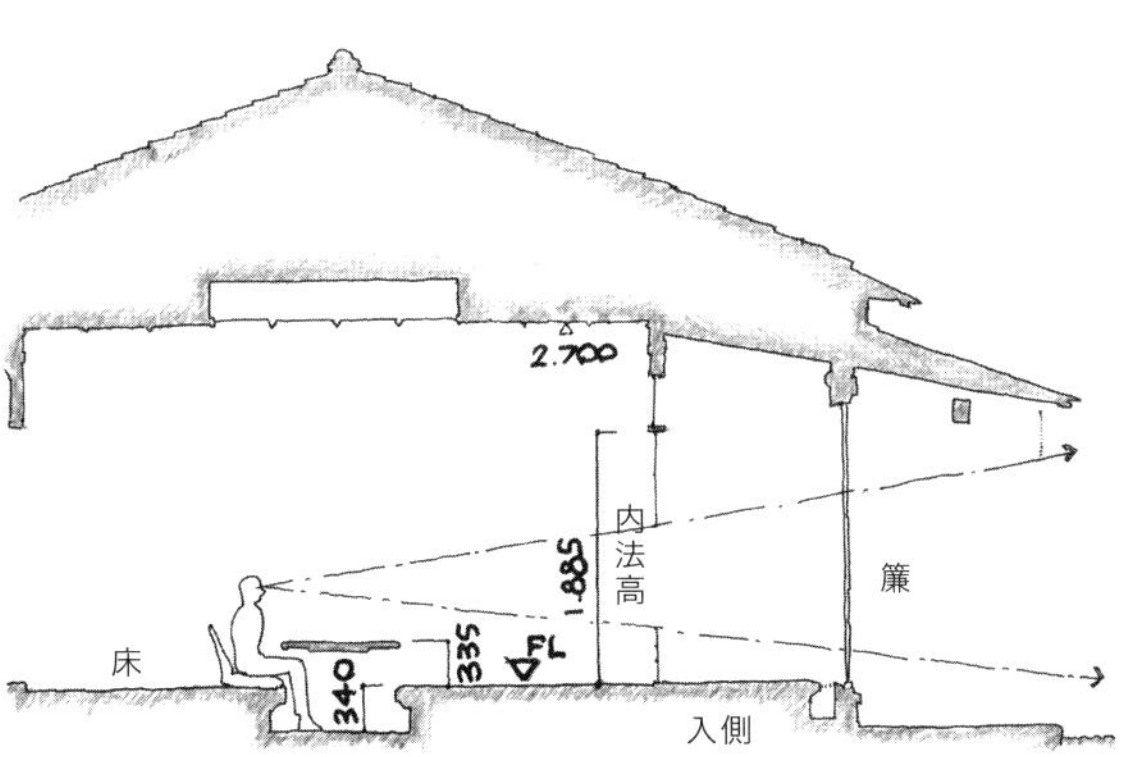

あるゲストハウスの和室断面。内法高は1885mm

＊村野藤吾（1891－1984）：20世紀の日本を代表する建築家のひとり。代表作に日生劇場、松寿荘、箱根樹木園休憩所など。

＊篠原一男（1925－2006）：東京工業大学で教壇に立ち、住宅を中心とする前衛的な作品を一貫して手がけ、多大な影響力を建築界に与えた。代表作に白の家、谷川さんの家など。

香炉峰の雪

高校の古文の勉強のしすぎではないが、枕草子に「香炉峰の雪」というくだりがある。ある女御が「香炉峰の雪は」と言うと、おつきの女性が下から簾《すだれ》を巻き上げるというものだ。白楽天の漢詩にならったものだが、私はその空間と所作にきわめて東洋的、日本的なものを感じる。

空間の重心をできるだけ下げる手法は日本的な空間構成のひとつだが、それは明るすぎる空を嫌うところにあると考えられる。明るさは空をカットして、地明かり、雪明かりとして床をぼうっと見せるほうが奥ゆかしく、それは上部の壁量や御簾と開口部の比で決まるのではないか。照明は天からくまなく明るくするのが当然と思われている現代の生活空間だが、実はそんな乱暴なことはなかった。

春暁の図（写：伊豆長八[*]）

＊伊豆長八（入江長八：1815-1889　伊豆のしっくい鏝絵作家）

私が設計に携わった建築の中でも、あるゲストハウスの上下する大きな明かり障子などは「香炉峰効果」に通底するものがあると思っている。また、畳敷きの和室についても雪見障子には、下部の開口にガラスを入れない工夫をしている。夜の「映り込み」を嫌い、床面を座敷から入側《いりかわ》、庭まで連続させて見せたいからである。そのとき、雪見部分の上端高さは座位の目の高さより少し下げる。

椅座の場合もできるだけ高さを抑えて開口下端は、H＝1000㎜から1200㎜くらいまで。人の出入りがある場合は1900や2000㎜。

私はできるだけ空を見せない開口部のあり方に注意している。

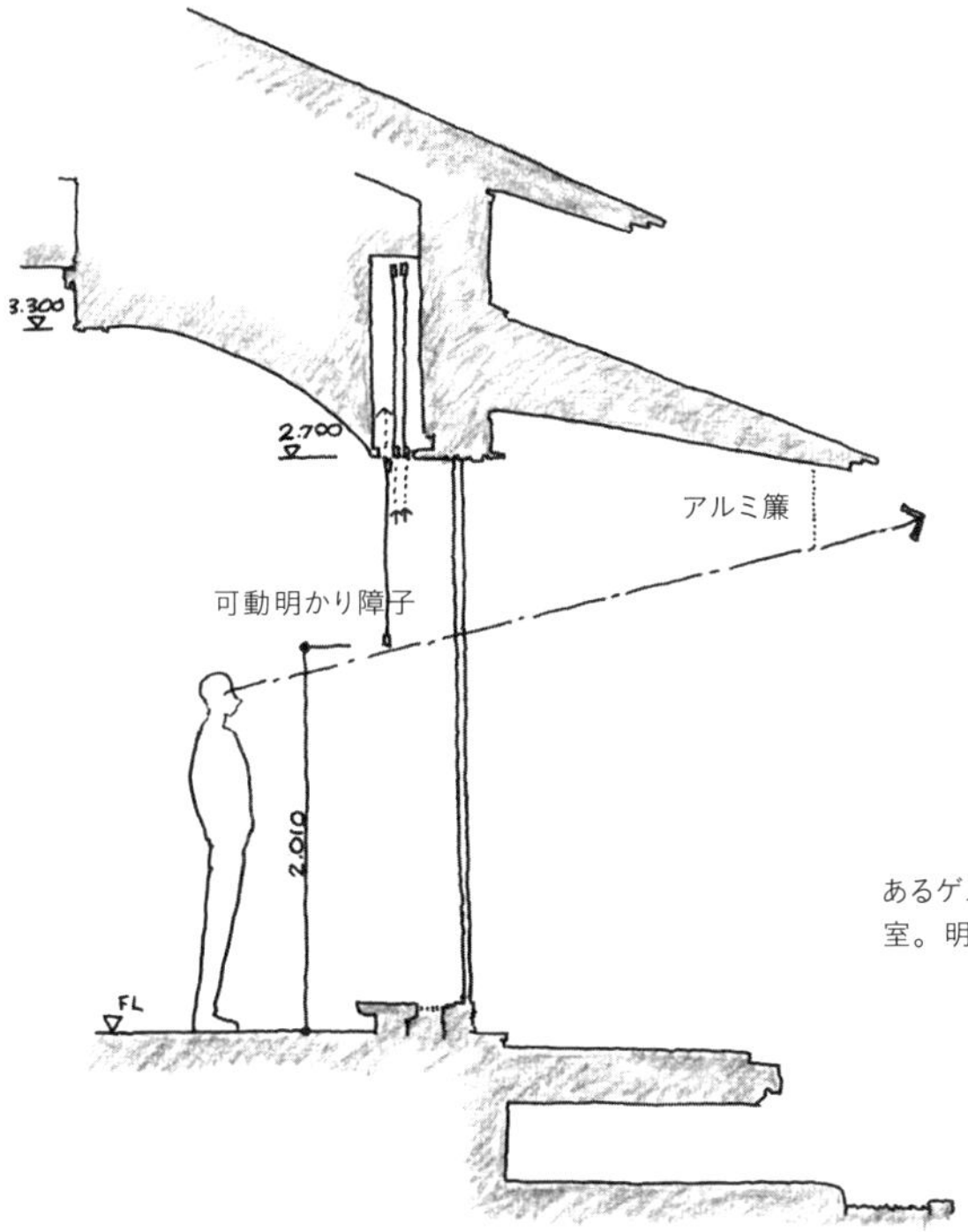

あるゲストハウスの会議室。明かり障子は可動

しつらい・蚊帳

日本の住居には家具というほどのものはなく、しつらいという概念だけがあった。寝具を押し入れに片付け、卓袱台《ちゃぶだい》を組み立て、座布団を出せばベッドルームがリビング・ダイニングルームになる。部屋も6畳とか8畳と広さで呼んだ。几帳《きちょう》、屏風、座布団など「消えてなくなる」家具が最近ないが、これからのすまいの家具としても、ヒューマンスケールをつくり出すこれらの家具が日本の空間復活のポイントになると思っている。

そういえば蚊帳《かや》は夏が近づくとどこからともなく出てきた。ふとんを広げた上に蚊帳が広げられて房のついた紐《ひも》と金物で鴨居から吊るされた。入るときは蚊が入らないようにささっと小さくくぐった。中はなんとなく静かで落ち着いていた。中から電灯を消し、団扇《うちわ》が動き、蛍が外側にとまった。虫の音が聞こえてくると、いつの間にか寝てしまったものだ。朝、蚊帳を外すときはまるで海のようで、遊んではしかられた。畳むときは小さな赤い布が目印になった。

そんな蚊帳が消えた。クーラーや網戸に駆逐されたのだ。蚊帳を製作する専門業者もほとんどいない。しかし、なんとか現代の空間にも合うパーソナルでムーバブルなものができないか。日建スペースデザインの面々のデザインでＫＡＣＯＯＮとして本麻製正四面体の蚊帳ができ上がった。これをパリの展示会に出品すると反響があり、雑誌「マリ・クレール」の編集長が気に入って「撮影するから貸してほしい」という。数ヵ月後、アフリカのナミビアの砂漠山頂に置かれたＫＡＣＯＯＮが見開きのカラーグラビアになって掲載された。解説にはなんと"meditation zen"(禅の瞑想)と書かれていた。

パーソナルな蚊帳KACOON

ふるまい・明かり

茶室の平面は、茶を点てる点前畳、炉の切り方、ふるまいと勝手、床《とこ》、躙《にじ》り口《ぐち》などから、茶道八炉という8パターンしかないとされている。

広さということでは、茶を点て、それを喫する人間が織り成す空間を測ってみたくなる。なかなか測らせてくれる名席はないが、所作と寸法の関係を知るうえで実に参考になる。

茶室には本来照明などはない。暗いと茶の湯に集中でき、黒い壁や黒い樂茶碗では存在が消えるような気がする。ふだん聞こえない湯の音などが聞こえ、茶事が進むと、外から簾が上げられたりしてほんのり明るくなる。

一般の座敷にもかつては灯明《とうみょう》くらいしか照明がなかった。しかし、電灯が和室に入ってきたとき、天井の棹縁に錐《きり》で穴を開けた大工

本勝手向切

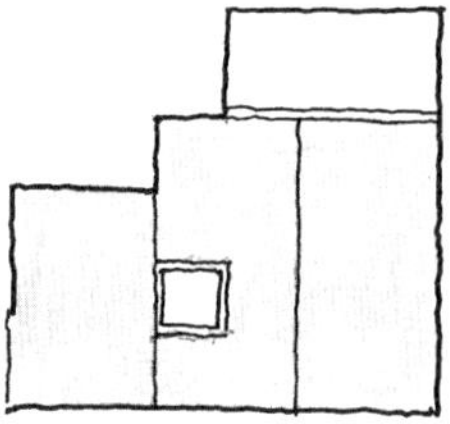
本勝手台目切

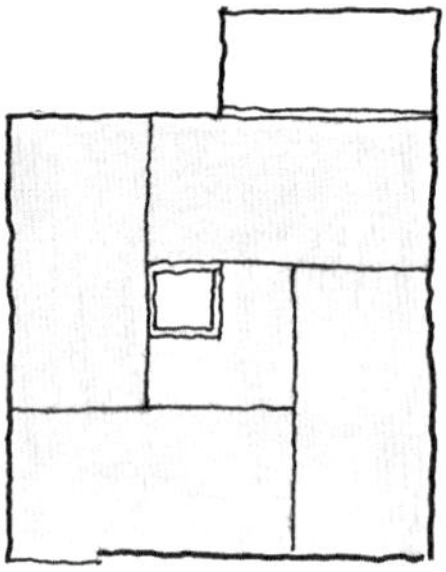
本勝手四畳半切

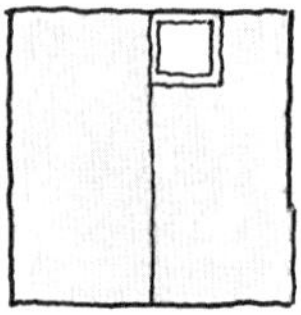
逆勝手向切

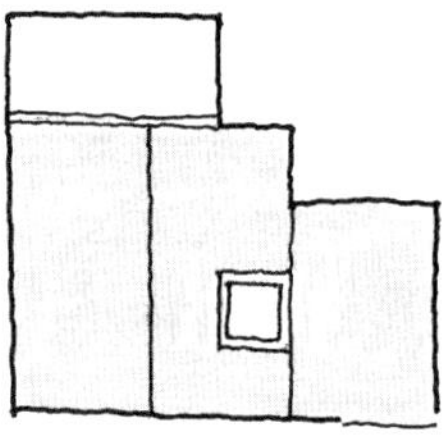
逆勝手台目切

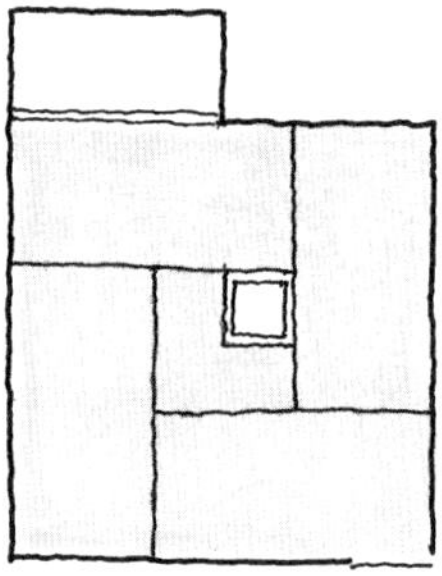
逆勝手四畳半切

がいたのである。明らかな断面欠損。天井の一部を光天井のようにしたものも現れた。しかし、煌々と天空から均質に照明するというのは実は日本の空間になじまない。翳りがない。雪洞《ぼんぼり》のほうが日本的だが、イサム・ノグチ*の照明器具以上のものができていない

*イサム・ノグチ（1904−1988）：アメリカの彫刻家、画家、デザイナー、造園家、舞台美術家。日系アメリカ人。さまざまな分野で日米を中心に活躍し、多大な影響を及ぼした。

イサム・ノグチのAKARI

茶道八炉

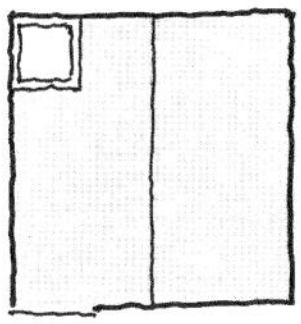

本勝手隅炉

逆勝手隅炉

履物と室内

あるレストランではカーペット敷きで上足だったのだがスリッパもなかった！　やがて蝶ネクタイ姿のスチュワードが注文を取りにきたのを見て愕然とした。靴下であったのだ。客もそうだから靴履きはないのだが、靴下姿に蝶ネクタイは合わない。だいたい文明開化のとき、上足・下足の区別をはっきりさせなかったのがいけないのだ。洋服にはやはり靴がいちばん似合うのだが、それを脱いではヘンなのだ。

明治維新前後の条約交渉などのときは、たぶん畳の上に毛氈《もうせん》などを敷き、椅子を置いて、外国人は靴履きであった。宮内庁の侍従などは今でもどこでも靴を脱がない。これも不思議だがスリッパもヘンだ。

私はスリッパというものが嫌いである。清潔感があるというが、洋装にも和装にも合っていない。だいいち歩きにくい。階段があるとつまずく。だれでも同じものを使うというのも嫌だ。畳敷きは素足か足袋とし、その他は靴履きか室内履きにするのがいい。欧米でも家人だけ内履きに履き替えることがある。

しかし、クライアントと打ち合わせていくと、やはり玄関に１００㎜とか２５０㎜程度の「上がり框」を設けることになり、室内はスリッパということになり、ほとんどの建築家はそこで敗北感を味わう。かくして玄関は靴脱ぎスペースになって靴で溢れる。

ことほど左様に、現代の日本の住居空間の問題は突き詰めると、和洋をあいまいにした上足・下足のことであり、それにきちんと答えを出していないのである。

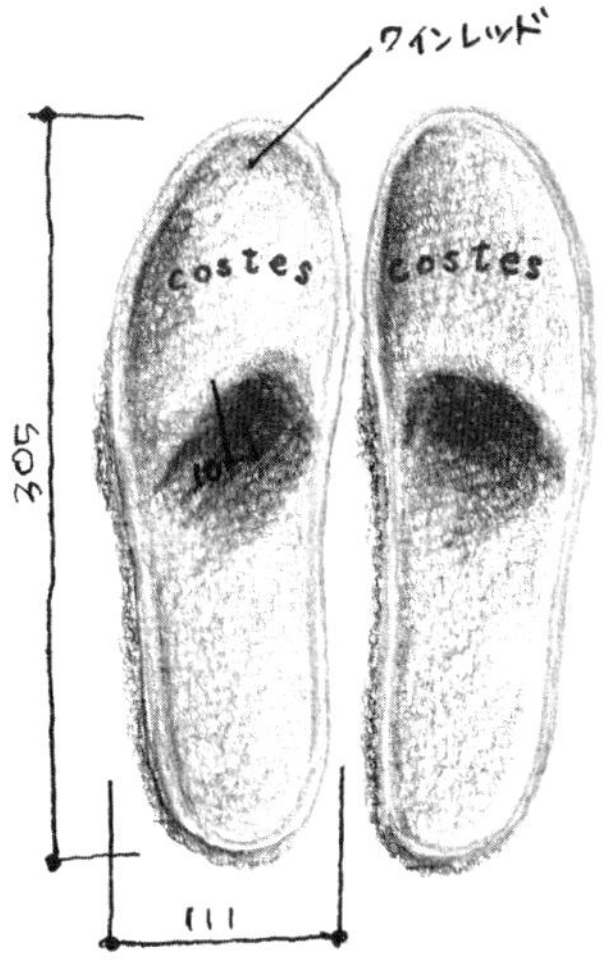

欧米のホテルでスリッパを備えるところは少ない。パリのオテル・コストにはワインレッド色のモケット地の厚いものを備えていた

やっぱりヘン!

6 ヒューマンスケールの実作　茶の卓

ヒューマンスケールの実作プロジェクトの一例として、
立礼の「茶の卓」をデザインする過程と、
卓を納める茶室や座具などを紹介しよう。
新しい考えに基づく卓や茶室などがどのように生まれてくるか。
また、これからの座具のあり方についても思いを馳せる。

組み立て式の茶室の構想スケッチ

茶の卓

私事だが、義兄、北海道大学の建築の教授だった野口孝博が若くして逝去した。彼が生前、台風で倒れた大学構内のエルムの大木を譲り受けていたものをテーブルなどにつくろうということになり、製材所で厚く挽き、長く乾燥させて、立礼《りゅうれい》の卓としてお茶を点てる「点茶盤」とお茶をいただく「喫架《きっか》」を誂えた。

そもそも茶の湯は畳に正座をするのが正式とされている。立礼は、明治期の博覧会で外国人が椅子で茶をいただけるように考案されたもの。現代では外国人や高齢者でなくても、正座がつらいという向きも増え、立礼のかたちはいくつも提案されている。

美しい木目を持った3本のニレの卓ができ上がった。点茶盤は890×890×H540㎜、喫架はその半分の890×445×H540㎜という寸法のもの2本。これはこれで空間の広さを選ばないという利点もあるが、2種類の卓を離すと、点てた茶を「半東《はんとう》」と呼ばれる助手がそれぞれの客の前まで運ばなければならない。私はその所作やふるまいに違和感を覚えた。

「半東」を介さず亭主が点てた茶を手ずから客に供したい、それが本来の姿ではないか。たくさんスケッチを重ねるうちに、その卓は次第に1枚の平面になっていった。「茶の卓」プロジェクトのはじまりである。

茶道の先生に実寸の紙の上でお点前のふるまいをしてもらい、卓の大きさやかたちをはさみで切るなどして、必要最小限の寸法を探す。亭主を客3名が囲む1600×1350㎜というL字型平面が浮かび上がってきた。

電気炉として、炉を卓に切る。丸炉とするか否か、その位置は？　というスタディを繰り返した。卓と同材の蓋をして風炉としても使える。

その卓を無垢の木でつくりたい。しかし、そんな大きな一枚板は少ない。木は幹の美しい部分だけを内装や家具の材としているが、調べていくとたくさんの大きな「枝材」は、山にそのまま捨てられるか、燃やされるかしている。もったいない。それを1枚に集成できないか。

材を選んだ。北海道のシラカバ、ニレ、ハン、イタヤ、クルミ、キハダ、ナラ、タモ、サクラの枝材9種類11本。大きさや含水率がみな異なる。それを人工乾燥し集成した。荒々しい板ができ上がった。

できた板を家具メーカーに加工してもらい、板厚45㎜の甲板をつくった。「あかみ」も「しらた」もあり、節や面皮つきで「契《ちぎり》」もある。野性味たっぷり。高さは点茶にも喫茶にも使える寸法540㎜とし、スチールの脚の上に置いた。

茶の湯では、茶碗、釜、水指《みずさし》など、茶のための道具がいくつも必要であり、それらの役割や位置が所作とともに決められている。それらの道具の動きを確かめ、卓の下には可動棚や、固定棚を設けた。

材を選ぶ

アカガシ材のフレームと、麻布でつくられた茶室

茶道具の配置と動きが定められ、過不足ない寸法計画が求められる

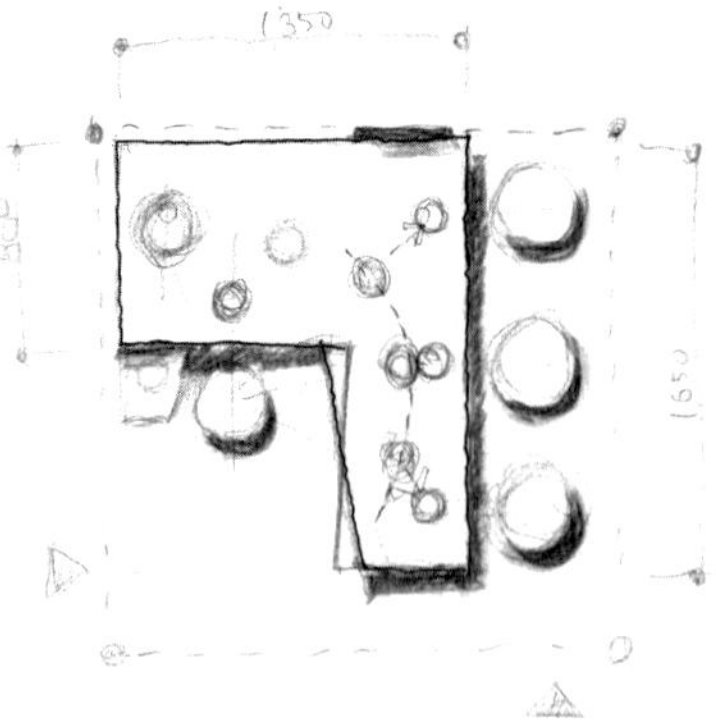

卓の一体化を考える

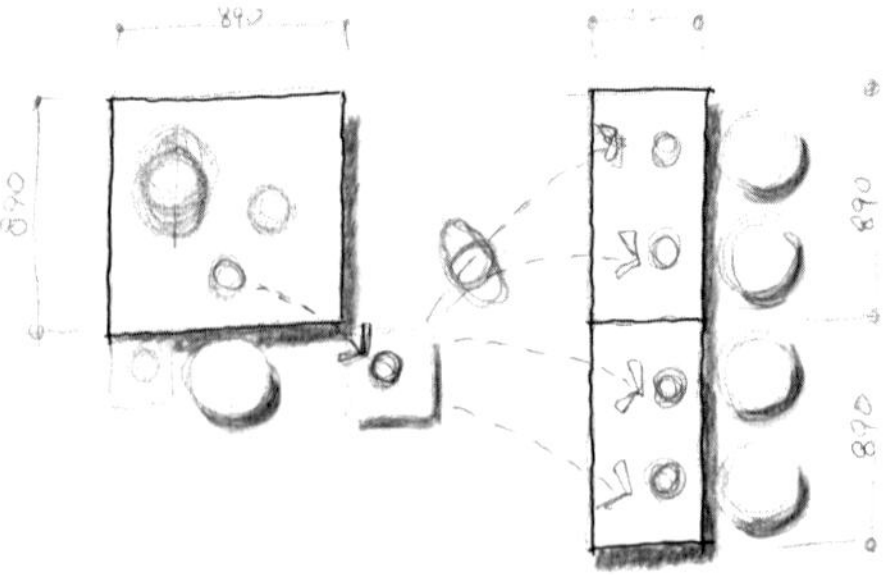

はじめにつくった卓。点茶盤と喫架が離れると「半東」が必要

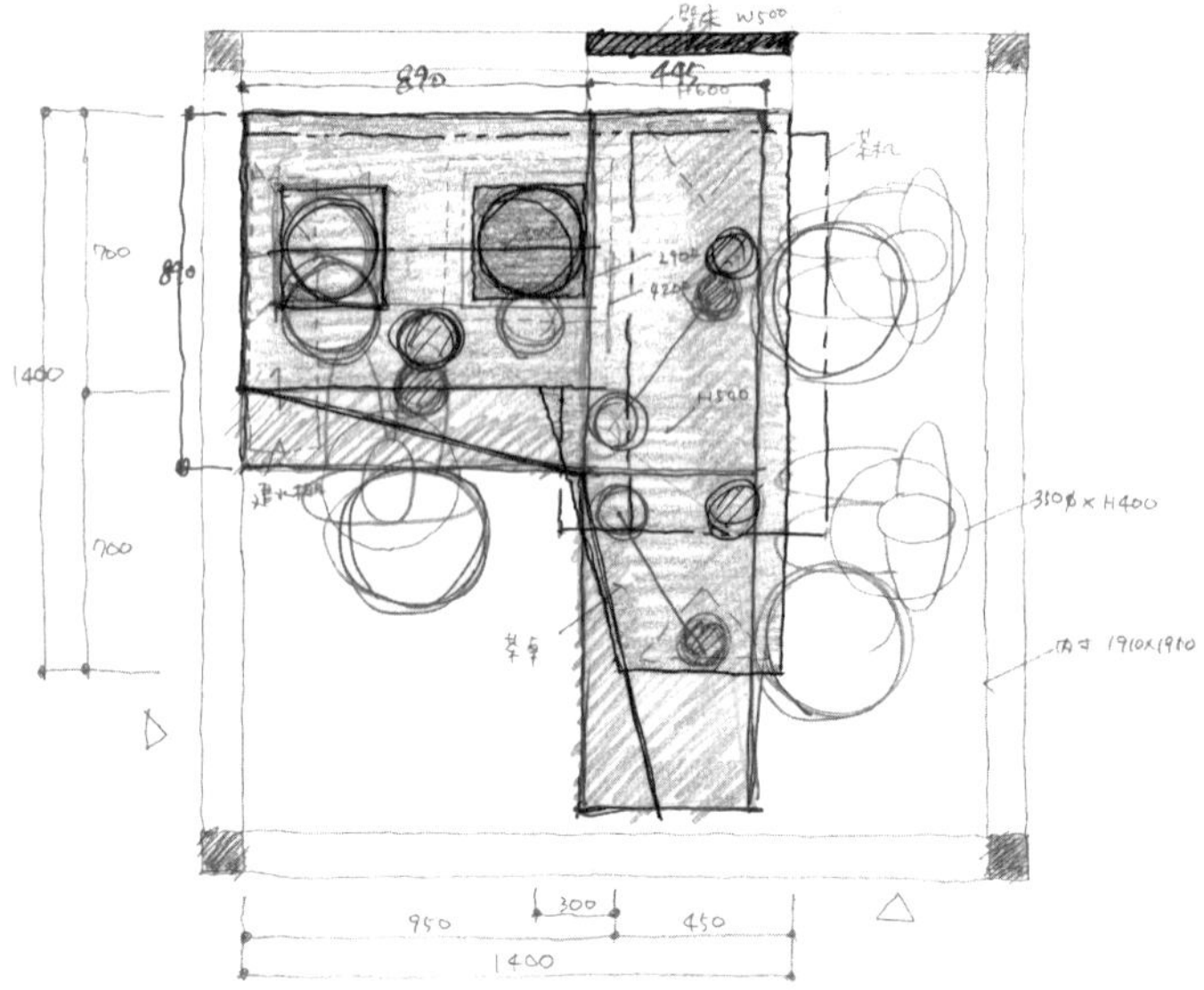

かたちや各部寸法を詰めていく

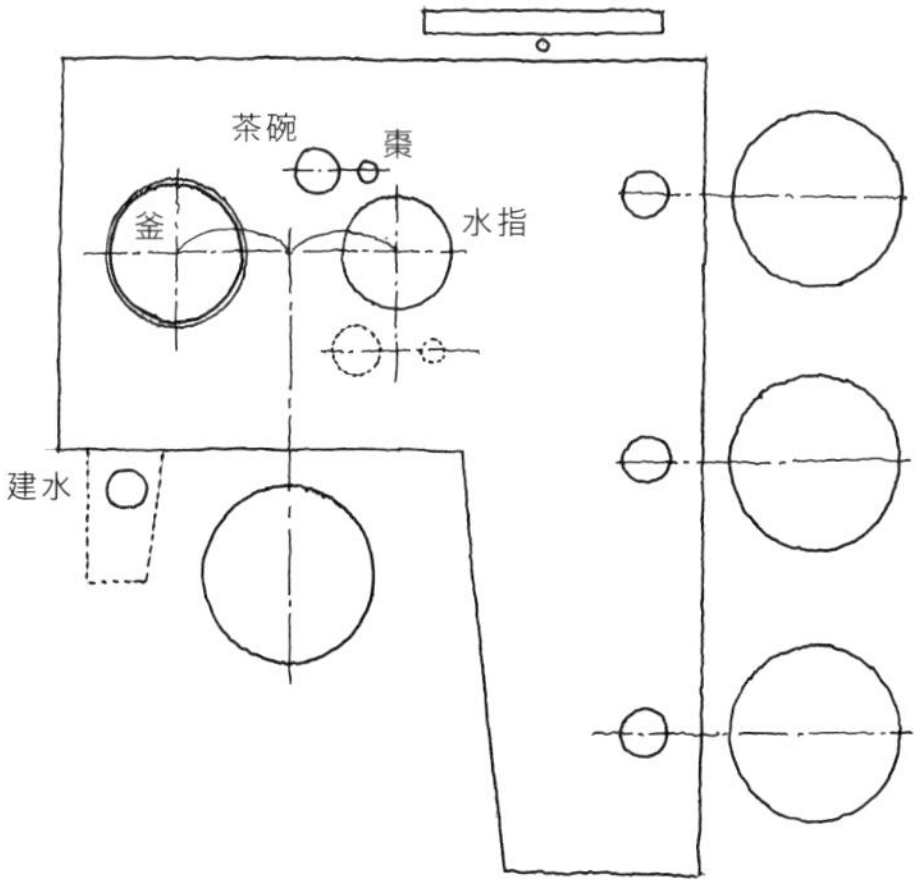

茶道具の配置や動きを検証する

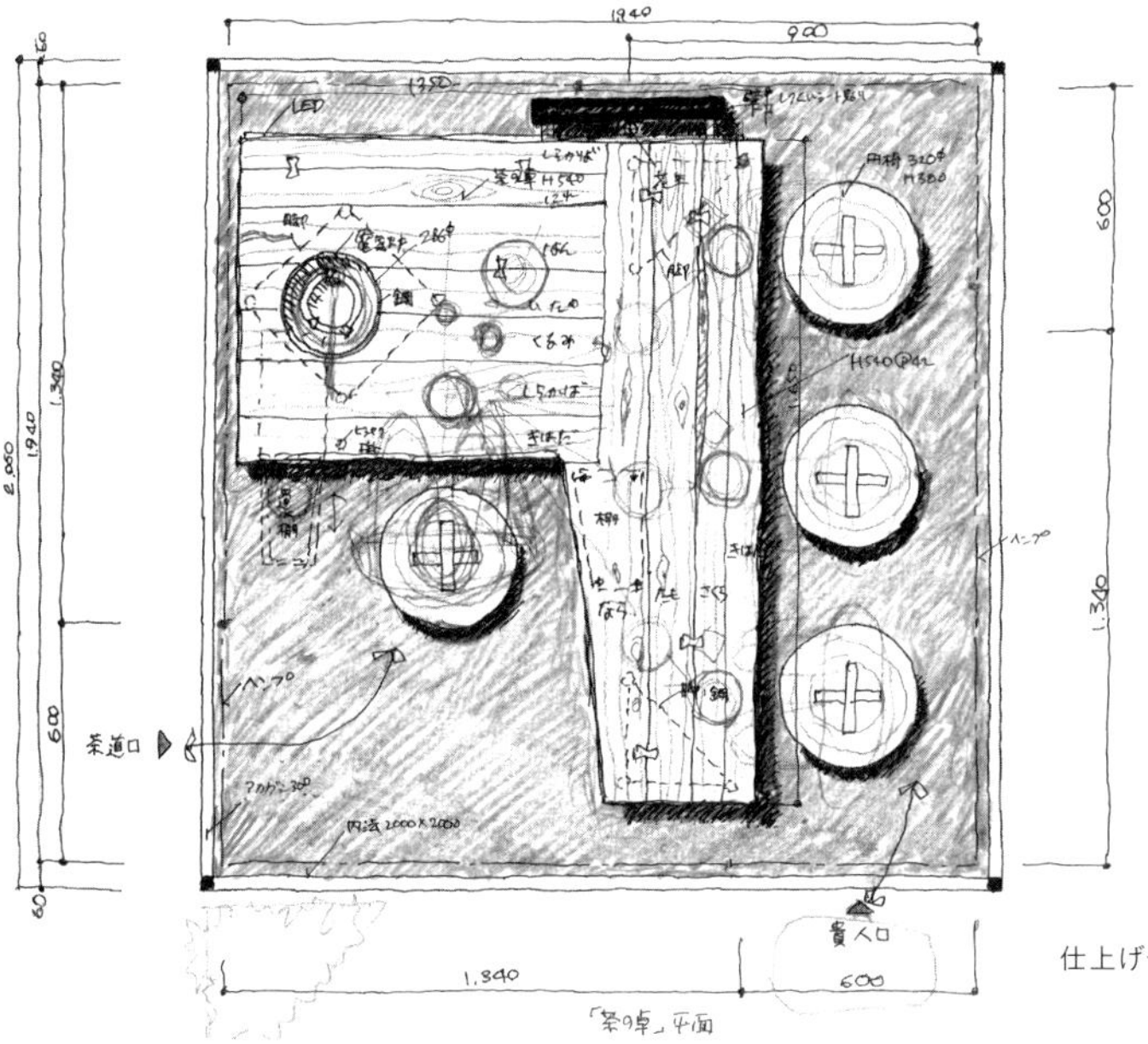

仕上げや座具を検討

茶室と座具

千利休がつくったほぼ最小の茶室といわれる二畳間大の妙喜庵「待庵」。「茶の卓」を納める空間はそれとおよそ同寸の内法２０００×２０００㎜。高さも椅座なのでほぼ２０００㎜。すなわち立方体形状の茶室として過不足ない。その稜は30㎜角のアカガシ材の細い木製フレームとして簡単に組み上がるようにした。壁と天井の計5面は蚊帳専門の製作業者に、本麻（ヘンプ）１００％の麻布を加工してもらって「麻の茶室」となった。小さな黒い壁床は珪藻土シートを貼り、一輪の茶花《ちゃばな》を生けることができるようにしつらえた。

座具は円椅《えんい》と呼ばれるスツール。φ３５０㎜、高さ３８０㎜。卓との差尺１６０㎜とすると畳に座したようにふるまうことができる。30㎜の厚い合板を組んでつくった。上面を尻に合わせて5㎜凹面に削り、円座を略した。

こうして新しい考えに基づく茶の湯の空間ができ上がった。麻布に囲まれて「茶の卓」の前にいると不思議に落ち着く。客が席につき、亭主が釜の前に座すとピーンと張り詰めた空気になるのが感じられる。静寂の中で茶が点てられ、亭主が手ずから客の近くに置く。茶碗が畳の上にあるようだ。それをいただき、短いことばを交わすことで生まれる温かさ。1枚の卓を共有することで生まれる親密感。一期一会。

ところでこの５４０㎜という卓の高さ、酒を酌み交わすにも丁度よい。茶の湯ではこれを「夜咄《よばなし》」という。茶室には本来いっさい人工的な明かりがないのだが、そのときばかりは「短檠《たんけい》」という灯明を使う。それを模してゆらめくテーブルランプを用いた。求心力が生まれ、闇が室内の隅に逃げていく。夜咄がはじまる。

卓のまわりに配された円椅。左手前には可動棚

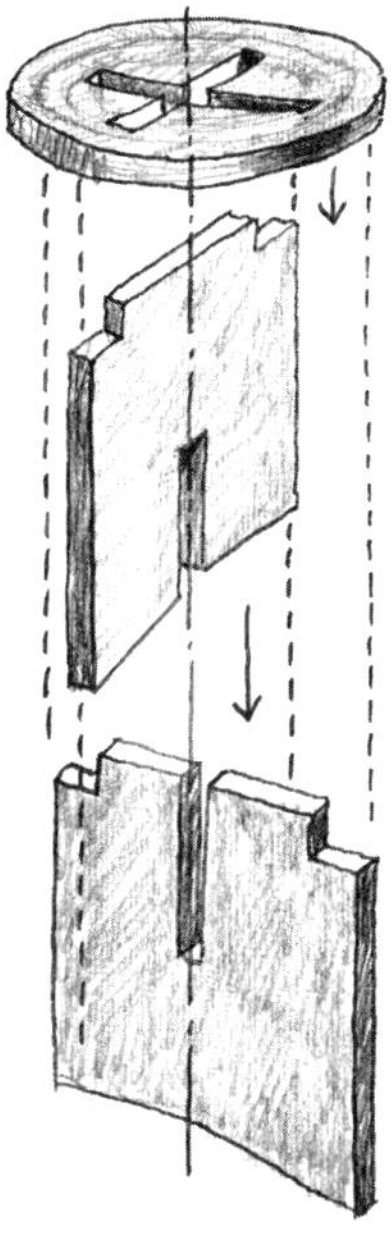

円椅の仕組み。35㎜の厚い合板を組んでつくる

OXとTHE ISU

座具についてもう少し考えてみたい。

前述の「円椅」をさらに発展させた。合板が厚くコストアップのため一般的とはいえなかったからだ。合板の厚さをすべて24㎜とし、シラカバの間伐材合板の板をX型に組んで脚をつくり、同厚の円形合板の座面をその上に載せるだけでコシカケができる。だから「ＯＸ《オーエックス》」。金物や接着剤なしに組み立てるだけ。φ３５０㎜、高さ３８０㎜。座面を凹面に削ってあるから座りやすく、「とも芯」だから同心円の模様が出てくる。

座具をもうひとつ。畳敷きが少なくなったとはいえお寺などにはまだたくさんある。正座を続けられない人も多く、胡坐《あぐら》や趺坐《ふざ》*というわけにもいかない。尻の下に入れる「箱枕」みたいな小さなものもあるが、それを持ち歩いてそっと取り出すというのも難しい。畳の上で正座に近いかたちで座ることができる椅子がなんとかできないものかとスケッチの果てにこんなものにたどり着いた。

５００×４００㎜の成形合板、高さ２４０㎜。畳を傷つけずに使える。連続して並べると、ハンドバッグを脇に置けるし、スタッキングもできる。円座のようなクッションを載せた。椅子のように腰を掛けてもいいし、正座のように足を折って下のスペースに入れてもいい。膝などに障害を抱えた高齢者でもお寺の法事などで心配がない。座椅子をもじって「ＴＨＥ ＩＳＵ」とした。

京都大原の三千院では、観音の脇侍である菩薩が正座のような妙な座り方をしている。倭座《やまとずわり》（大和座）と呼ばれる座り方で、このＴＨＥ ＩＳＵの中に下肢を差し入れると同じようになる。

*趺坐：足を組んで座ること。

OX。脚と座をいろいろなかたちにデザインした

THE ISU

コラム5

これからの座具

座り方には、床座と騎座、椅座などがあって、床座の中にも正座、胡坐（あぐら・こざ）、趺坐（ふざ）、倭座、跪座、横座り、立膝、しゃがむ、蹲踞（そんきょ）といろいろある。それらは民族・習慣・宗教など文化とも密接な関係があり、短期間でそう変化するものではないが、それでもこの１００年、２００年くらいの間には日本の座様式は大きく変わったといえる。正座中心ではなくなった。

「玉座」といわれる権力者や上位者の座の姿があり、その座の高さは下位の人たちがいる地平より高い。高くなくても椅子自体が台の上にあったり、「玉」の上に椅子が乗っていたりする。すなわち高さがヒエラルキーなのだ。上下の差が小さくなった現代の社会にあって、椅子はその象徴とはいえなくなったが、それでもないことはない。ドイツの新しい国会議事堂の椅子は全部マリオ・ベリーニ*デザインのものだが、議長椅子だけハイバックであった。ヒエラルキーを椅子で表すということも少なくなってきたが、これは社会体制と大いに関係がある。

トルコのイスタンブール、トプカプ宮殿*などを見ると、スルタンと呼ばれる王族たちは、地面から1段上がったところ、絨毯の上などでゴロゴロしていたことがわかる。遊牧生活のなごりか、椅座と床座の両方があったのだ。この「ゴロゴロ」に何かが見える。世界的に座位の高さはだんだん下がってきつつあると感じるのである。

座位、座具のあり方が室内の生活空間に与える影響は、履物のあり方とともにはかり知れないものがあるにもかかわらず、どうもそれがなおざりにされているように思われる。立位と椅座が圧倒的に多い生活様式となって、これからの「座る、腰掛ける」という姿、あり方はどうあるべきか。私たちはそれを考え続けなければならない。

これは、住居などヒューマンスケールの世界に、電子機器などのアンヒューマンなものが混在をはじめた今、喫緊の課題だともいえる。

*マリオ・ベリーニ（Mario Bellini）：１９３６年生まれのイタリアの建築家、インダストリアルデザイナー。カッシーナやヴィトラで家具をデザイン。

*トプカプ宮殿（Topukapi Saray）：トルコ、イスタンブールにある 15世紀半ばから19世紀半ばまでオスマン帝国君主が居住した宮殿。

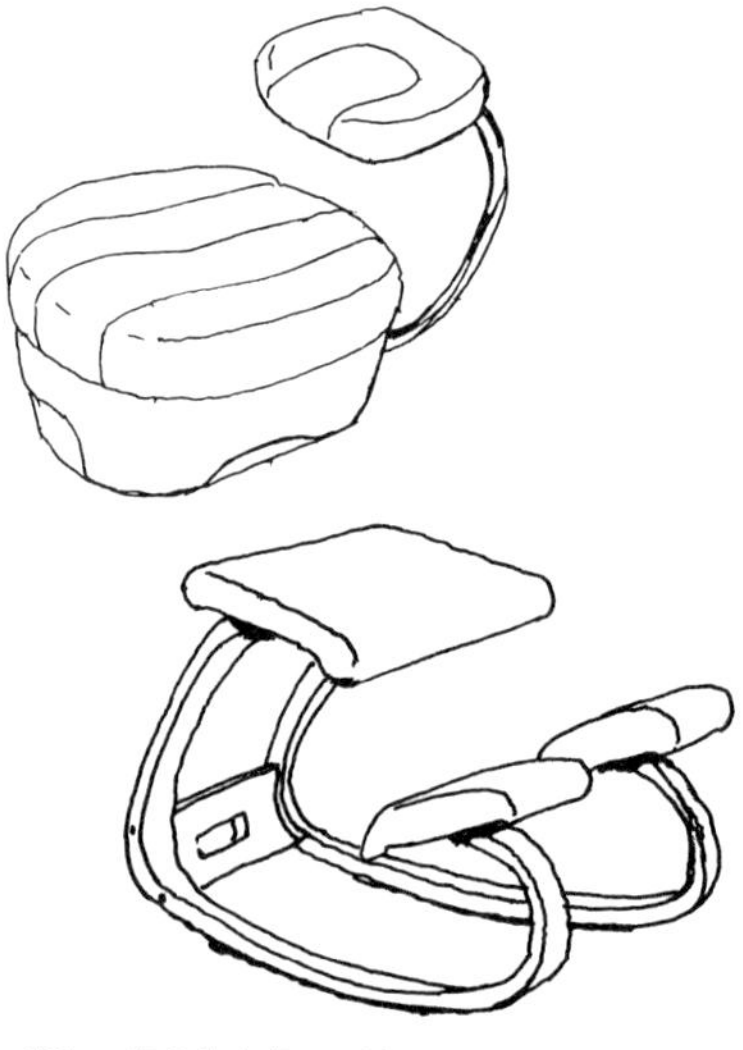

新しい座り方を求める試み。アッキーレ・カスティリオーニ（上）と、ピーター・オプスヴィック（下）の椅子

旅は終わらない

日本経済新聞から取材して掲載したいという話があった。「私の履歴書」だと思って気色ばんだのだが、その面の中央だという。そこは「狛犬《こまいぬ》の写真を撮って30年」などというヘンなおじさんの記事とわれわれが言っている欄ではないか。ややあって「測れた!? ホテルの心配り」という記事になり、掲載されるとすぐに反響があった。「奥さんがかわいそうだ」というものがかなりあり、私はまるで家庭を省みない「熱中人」になってしまったかのようであった。

手で描くことを強く考えることになったきっかけは、私の発病に端を発している。突然頭の中で血流の音が聞こえはじめ、書く字が急に下手になり、スケッチが荒くなった。スケッチの荒さはだれも気づくものではないが、これは何か起きたなと、いろいろ検査をすると「脳硬膜下動静脈瘻《ろう》」というものが発見された。脳の硬膜下で細かな動脈が静脈に入り込み、脳出血や脳梗塞の直前になっていたのだ。血管内手術を長時間受けた。開頭せずに足の付け根からカテーテルで脳にたくさんのプラチナを挿入するという難しいものだった。麻酔が覚めると血流の音は消えて静かになっていた。病室の花を恐る恐るボールペンで描く。治っている！　目と手と頭が直結していることを改めて実感した瞬間であった。

お気づきのように、測ることと描くことは次元が違う。測ることは定量化、客観化を育み、手描きは感性を育む。どちらもデザインの基礎には欠かせないもので、おろそかにできない。そして、この測って描く旅に終わりはない。

掲載した資料の一部は日建スペースデザイン（ＮＳＤ）のみなさんや学生の方が描いたものもあって、みなさんのご協力に感謝したい。何よりも彰国社の尾関恵さんに感謝申し上げたい。また、図版などの掲載をご承諾いただいたＴＯＴＯや中原大久保坂口編集室、日建設計グループのみなさんや妻・晶子にも厚く感謝申し上げたい気持ちです。

２０１２年８月　浦　一也

病室で描いた花

図版資料

身体寸法を測る／作画：高島千暖（日本大学）　21頁上段右
M邸／作画：山本祥寛（日建スペースデザイン、以下NSD）　32頁
NOBUKO HOUSE／作画：藤井崇司（NSD）　33頁
森の家／設計：浦　一也、浦　晶子　39頁
集中討議スケッチ／作画：西田徹太郎（NSD）　53頁下段右
引き戸の手がけ／設計：鈴木信子（NSD）　103頁下段右
KACOON／設計：鈴木信子、山本祥寛（NSD）　119頁
茶の卓、OX／設計：浦　一也、浦　晶子　協力：野口宗江　6章（124〜135頁）
写真撮影：豊田利明（128〜129、133頁）

参考文献

望月長與『日本人の尺度』六藝書房、1971年
『建築計画チェックリスト　宿泊施設　新訂版』彰国社、1996年

浦　一也（うら かずや）

1947年	北海道札幌市生まれ
1972年	東京藝術大学大学院美術研究科修了
1972年 - 1994年	日建設計
1994年 - 2012年	日建スペースデザイン
現在	浦一也デザイン研究室
	インテリアプランナー

主な作品

ロテル・ド・ロテル

成田全日空ホテル

日建設計飯綱山荘

ヨコハマグランドインターコンチネンタルホテル

氷川分館

ホテルモリノ新百合丘

京都迎賓館

O HOUSE

N HOUSE

茶の卓

著書

「旅はゲストルーム」（東京書籍、光文社）

「旅はゲストルーム：Ⅱ測って描いたホテル探検記」（光文社）

「インテリアSuperリノベーション」（グラフィック社）

測って描く旅

2012年10月20日　第1版発　行
2024年 6 月10日　第1版第7刷

著作権者との協定により検印省略

著　者　浦　一　也
発行者　下　出　雅　徳
発行所　株式会社　彰　国　社

自然科学書協会会員
工学書協会会員
Printed in Japan

162-0067 東京都新宿区富久町8-21
電話　03-3359-3231(大代表)
振替口座　00160-2-173401

印刷：真興社　製本：誠幸堂

ISBN 978-4-395-02103-1 C3052　https://www.shokokusha.co.jp